山东省高等学校"青创科技支持计划"（2021RW008）

国际陆港区
高质量发展指数研究

以乌鲁木齐国际陆港区为例

STUDY ON HIGH QUALITY
DEVELOPMENT INDEX OF
INTERNATIONAL DRY PORT AREA

TAKING URUMQI INTERNATIONAL DRY PORT AREA AS AN EXAMPLE

姚鹏　刘让群◎著

经济管理出版社
ECONOMY & MANAGEMENT PUBLISHING HOUSE

图书在版编目（CIP）数据

国际陆港区高质量发展指数研究：以乌鲁木齐国际陆港区为例/姚鹏，刘让群著 . —北京：经济管理出版社，2022.4

ISBN 978 - 7 - 5096 - 8406 - 1

Ⅰ . ①国… Ⅱ . ①姚… ②刘… Ⅲ . ①陆路运输—运输经济—研究—乌鲁木齐 Ⅳ . ①F542.451

中国版本图书馆 CIP 数据核字（2022）第 070900 号

组稿编辑：申桂萍
责任编辑：赵亚荣
责任印制：黄章平
责任校对：王淑卿

出版发行：经济管理出版社
　　　　　（北京市海淀区北蜂窝 8 号中雅大厦 A 座 11 层　100038）
网　　址：www. E - mp. com. cn
电　　话：（010）51915602
印　　刷：唐山昊达印刷有限公司
经　　销：新华书店
开　　本：720mm×1000mm/16
印　　张：11. 75
字　　数：160 千字
版　　次：2022 年 6 月第 1 版　　2022 年 6 月第 1 次印刷
书　　号：ISBN 978 - 7 - 5096 - 8406 - 1
定　　价：68. 00 元

目　录

第一章　国际陆港区理论基础 …………………………………… 1

第一节　国际陆港区的内涵与特征 …………………………… 3

第二节　国际陆港区的功能与分类 …………………………… 13

第三节　国际陆港区形成的基础条件与动力机制 …………… 24

第四节　国际陆港区发展模式与功能演化 …………………… 29

第二章　国内外国际陆港区发展及经验借鉴 ………………… 38

第一节　国外陆港区发展现状 ………………………………… 39

第二节　国内陆港区发展现状 ………………………………… 46

第三节　国内外陆港区发展的经验借鉴 ……………………… 56

第三章　乌鲁木齐国际陆港区发展现状 ……………………… 59

第一节　乌鲁木齐国际陆港区建设的优势和基础 ………… 59

第二节　乌鲁木齐国际陆港区建设的主要历程和沿革 …… 64

第三节　乌鲁木齐国际陆港区建设的主要做法和成效 …… 68

第四节　乌鲁木齐国际陆港区建设面临的问题和困难 …………… 77

第四章　国际陆港区高质量发展评价指标体系的构建及结果分析 ………… 84

第一节　指标体系的构建原则 …………………… 84

第二节　指标体系的研究设计 …………………… 86

第三节　评价指标体系的测算方法 ………………… 92

第四节　国际陆港区高质量发展指数的结果分析 …………… 94

第五章　乌鲁木齐国际陆港区与其他区域比较分析 ……………… 115

第一节　各地区基本情况的比较分析 ……………… 115

第二节　国际陆港区发展水平横向比较 …………… 125

第三节　内陆港区发展水平评价结果及分析 ……… 146

第四节　乌鲁木齐国际陆港区存在的问题 ………… 148

第六章　陆港区高质量发展的总体思路与政策建议 ……………… 154

第一节　完善国际陆港区港口功能 ………………… 155

第二节　促进区域物流发展 ………………………… 159

第三节　加大政府支持力度 ………………………… 162

第四节　实施人才引进战略，打造陆港区人才培养体系 …… 170

第五节　促进与海港及其他陆港区互动 …………… 172

第六节　打造乌鲁木齐门户枢纽经济体系 ………… 173

参考文献 ……………………………………………………………… 177

后　记 ………………………………………………………………… 184

第一章 国际陆港区理论基础

在构建开放型经济新体制过程中，我国逐渐形成了从沿海到沿江和沿边、从东部发达地区到中西部内陆地区的全方位、多层次、宽领域的开放型经济发展新格局。港口作为交通运输的集结点和枢纽处，向来是重要的战略和经济资源，是现代物流网络链中整合生产要素功能的集成体，是工农业产品和进出口贸易物资的重要集散地，也是各类交通工具停泊、装卸货物、上下乘客、补充给养的场所，直接影响到港口所在区域及其经济腹地的经济发展水平和未来发展趋势。根据所处地理位置，港口可分为海港（seaport）、空港（airport）以及陆港（landport）。此外，位于江边、河岸的港口还可称为江港、河港等。当代国际贸易的快速发展和贸易货运量的急剧增长促进了海港的大繁荣，世界上形成了一些知名大港，如鹿特丹港、纽约港、横滨港以及中国的宁波、上海港、广州港等。空港区和陆港区的发展历程明显滞后于海港，但随着现代陆空交通工具的广泛应用以及物流线网的日益密集，空港区和陆港区建设也日益呈现"井喷"之势。国际陆港区的出现解决了内陆地区发展外向型经济的"瓶颈"问题，在内陆交通枢纽和经济较发达地区建立国际陆港区，使内陆地区直接与国际市场接轨，大大降低了国际贸易的物流运输成本。国际陆港区不仅是海港功能在内陆的延伸，而且是带动内陆及沿海口岸物流需求和经济共同发展的重要引擎。

2013 年 9 月和 10 月，中国国家主席习近平先后提出建设"丝绸之路经济带"和"21 世纪海上丝绸之路"的合作倡议，中国"一带一路"倡议拉开帷幕。"一带一路"倡议为中国进一步加强与沿线各国经贸往来、促进交通基础设施的联通建设提供了良好的外部环境。在此背景下，中国与亚欧大陆其他各国的贸易交往通道由海上扩展到内陆，中国内陆各主要城市积极响应"一带一路"倡议，积极建设国际陆港区，并依托铁路集装箱中心站开通驶往欧洲、中亚等地区的国际货运班列。在"一带一路"倡议背景下，国际陆港区成为沿海、沿边与内陆衔接的重要桥梁，是连接中国和亚太、欧洲地区的重要内陆节点，也是将中国区域贸易推向全球的重要引擎。

2020 年 5 月 14 日，中共中央政治局常务委员会会议首提"构建国内国际双循环相互促进的新发展格局"。"两会"期间，习近平总书记再次强调要"逐步形成以国内大循环为主体、国内国际双循环相互促进的新发展格局"。7 月 30 日中央政治局会议再次强调，"加快形成以国内大循环为主体、国内国际双循环相互促进的新发展格局"。构建基于"双循环"的新发展格局是党中央在我国发展阶段、国内外环境和发展条件发生显著变化的大背景下提出来的，是重塑我国国际合作和竞争新优势的战略抉择，是推动我国开放型经济向更高层次发展的重大战略部署。新发展格局绝不是封闭的国内循环，而是开放的国内国际双循环。我国在世界经济中的地位将持续上升，同世界经济的联系会更加紧密，为其他国家提供的市场机会将更加广阔，成为吸引国际商品和要素资源的巨大引力场。

国际陆港区作为内陆地区具有港口功能的枢纽型物流节点，已成为我国内陆地区扩大对外交往、积极响应和参与"一带一路"倡议以及保障我国顺利形成"双循环"新发展格局的重要平台，有助于提升内陆地区物流供给水平，打通生产、分配、流通、消费诸环节，实现需求牵引供给、供给创造需求的更高水平动态平衡，对于促进我国区域平衡发展、推动国际贸易迈向更高标准具有重要的现实意义。

第一节 国际陆港区的内涵与特征

2001年，席平等在《建立中国西部国际港口——"西安陆港"的设想》一文中提出了陆港区的基本理论和建设构想。2004年，我国第一个国际陆港区项目——西安国际港务区正式立项建设。2007年，石家庄内陆港区正式运营。2009年，《国际贸易术语解释通则（陆港）》修订案提交中华人民共和国全国人民代表大会。2011年，首届中国国际陆港研讨会在西安召开。2013年，中国、俄罗斯、印度、蒙古国、泰国等14个国家在泰国曼谷签署了联合国亚洲及太平洋经济社会委员会（ESCAP）《政府间陆港协定》。2014年，中国港口协会陆港分会在西安成立。2015年3月28日，国际陆港建设在《推动共建丝绸之路经济带和21世纪海上丝绸之路的愿景与行动》中上升为国家发展战略。同年11月12日，乌鲁木齐国际陆港区正式设立，秉承"集货、建园、聚产业"的发展思路，致力于发展枢纽门户经济，打造"丝绸之路经济带"更高层次的开放型经济战略高地，推动新疆经济实现高质量发展。我国陆港事业方兴未艾，蓬勃发展。

一、陆港区的相关概念

陆港区（land port）通常设在内陆经济中心城市，位于铁路、公路交会处以便于货物装卸、运输和存储，是内陆城市直接进入国际大市场的桥梁和纽带，能够极大地推动内陆城市国际贸易的开展，改善内陆地区外向型投资环境。在"一带一路"倡议实施中，陆港区是重要的物流节点，也是"一带一路"建设的重要支撑点和实施抓手。在陆港区相关研究方面，学者主要围绕陆港区内涵功能、选址布局、发展模式、动力机制、竞争力评价等方面展开。

依据陆港区发展阶段、实现的功能以及国家间习惯性称呼的不同，国内外相关理论与实践中主要出现了以下相关术语：内陆终端/内陆港/内陆货运站、干港/无水港、内陆通关站/清关站、内陆多式联运中转站/内陆集装箱中转站/内陆枢纽、内陆物流园区/中心等。上述术语相似相关，但相互之间又存在一定差别。

（1）内陆终端（inland terminal）。内陆终端在功能上与内陆港（inland port）、内陆货运站（inland freight station）相近。1982年，联合国贸易和发展会议（United Nations Conference on Trade and Development，UNCTAD）将"内陆终端"定义为"对进出口货物签发提单的内陆终端"。20世纪90年代，欧洲的铁路、公路运输系统已经较为发达，欧洲当局在定义"内陆终端"时更加侧重于其货运站功能。1996年，欧洲经济委员会（Economic Commission for Europe，ECE）将"内陆货运终端"定义为"海港或机场以外的接收或发送国际贸易货物的任何设施"。"内陆港"概念源自美国，最初用来指区别于海港的内河港，但随着集装箱多式联运的发展，内陆港拓展为具备海港功能的内陆节点。内陆港通常位于公路、铁路、航空等运输方式的交会处，实现海关报关、检验检疫、海铁联运等功能并将货物运至沿海港口及口岸。内陆港的建设能够降低物流成本，提升区域物流运输效率。内陆港与干港概念相似，也强调与海港的通达性，但内陆港比干港范围更大一些。内陆货运站能够提供多种物流服务功能，但不强调其与海港的联动和服务差异。

（2）干港（dry port）。干港又称无水港（waterless port），这一术语是相对于"有水港"而言的，最早由美国于20世纪80年代提出，现多在欧洲国家使用。1991年，UNCTAD将"干港"称为"提供检验检疫和海关服务的内陆通关站"。1992 年，美国集装箱协会以集装箱功能为侧重点，定义"干港"为"远离港口的内陆集装箱设施服务中心"，能够提供集装箱进出、装卸、短期存储和海关检查等服务，使内陆货物获得集装箱运输带来的利益，并且促进内陆货物运输的集装箱化。2001 年，欧洲经济委员会将"干港"定义为"在地理上直接与海港相连的内陆运输站"。因此，干港通常地处内陆无水区且强调与海港的连通性。联合国亚太经济和社会委员会（Economic and Social Commission for Asia and the Pacific，ESCAP）《政府间陆港协定》将"干港"定义为"与一种或多种运输方式相连接，用于处理、临时储存和定期检查国际贸易货物并办理适用的海关手续的内陆地点"，将"国际重要性陆港区"定义为"与一个或多个运输模式相连接的、作为一个物流中心进行运作的内陆地点，用于装卸和存储在国际贸易过程中移动的货物并对之实施法定检查和实行适用的海关监管和办理海关手续"。

（3）内陆通关站/清关站（inland clearance/customs depot）。这一术语强调内陆港口的所有权与服务范畴，尤其强调引入海关、商检等机构以提供便捷的通关服务，但该术语不强调与海港的联动。1996 年，欧洲经济委员会将"内陆通关站"定义为"具有公共当局地位的配备固定装置的用户共同使用的内陆设施，为海关及其他清关机构提供货物清关、仓储、临时入境、再出口、临时储存等相应服务，以处置海关监管之下的任何适用的运输方式运输的包括集装箱在内的任何种类的货物"。

（4）内陆多式联运中转站（inland intermodal terminal）。这一术语在功能上与内陆枢纽（inland hub）、内陆集装箱中转站（inland container depot）相近，是指与海港直接联动的内陆综合运输站，强调多种运输方式尤其是实现公路、铁路、海运方式的联运，以实现货物在内陆与海港的无缝衔接，从而为企业节省大量物流成本，并减轻因大量集装箱运输对海港城市造成的交通拥挤和环境恶化状况。随着集装箱在多式联运中的广泛应用，内陆集装箱中转站得到快速发展，中转站通过开设至海港的集装箱班列，提供集装箱中转运输、门到门运输与集装箱货物的拆装箱、仓储、接取、送达、装卸和堆存服务。但相较于一般意义上的陆港区，内陆集装箱中转站缺乏报关、报检、签发提单等口岸服务功能以及物流增值服务功能。

（5）陆港物流园区/中心（inland port logistics/center）。2008 年 8 月 1 日，国家质量监督检验检疫总局与国家标准化管理委员会颁布实施《物流园区分类与基本要求》（GB/T 21334—2008），将陆港物流园区功能定义为：依托公路或铁路枢纽，以公路干线运输为主，衔接公铁转运。陆港物流园区是我国参照工业园区建设和发展经验，在陆港地区开辟的专业物流园区，是继海港、空港之后的第三代物流中心，不仅提供第三方物流服务，还开通与海港及沿边口岸的便捷运输通道，完善口岸服务功能，实现跨区域大通关。

Roso 和 Lumsden（2010）、Monios（2011）等学者详细分析了其中一些概念的共性与主要差异。表 1 - 1 列出了干港/无水港、内陆港、内陆货运站、内陆通关站、内陆终端/多式联运终端、陆港物流园区/中心概念在核心功能、地理位置和运输方式方面的异同。

表 1 - 1 陆港区相关概念

名称	核心功能	地理位置	主要运输方式
干港/无水港	物流枢纽、通关、集装箱业务	内陆无水地区	铁路、公路、航空
内陆港	物流枢纽、通关、集装箱业务	内陆地区	内河运输、铁路
内陆货运站	物流枢纽、集装箱业务	内陆、沿海均有分布	公路运输至港口
内陆通关站	物流枢纽、通关、集装箱业务	内陆无水地区	铁路、公路
内陆终端/多式联运终端	多种运输方式互换节点、通关、集装箱业务	临港地区	铁路、公路或公铁联运
陆港物流园区/中心	物流中心、跨区域大通关	内陆无水地区	铁路、公路或公铁联运

二、国际陆港区的内涵

国际陆港区是一个国家或地区国际物流和外向型经济发展到一定阶段的产物，通常建设于内陆交通枢纽位置，具备部分或全部沿海港口功能，可实现报关、报检、国际货运代理等进出口相关业务功能，具有向周边内陆地区辐射、带动腹地发展的要义。20世纪60年代以来，国际货物贸易快速增长，国际货运量迅速扩张，给海港运营带来了前所未有的压力，海港业务向内陆延伸成为必然。与此同时，集装箱运输在保证货物运输安全、节省包装材料、简化货运作业手续、提高装卸效率方面具有明显优势，以集装箱为载体的国际多式联运得到了广泛应用，为陆港区的设置及运营提供了便利条件。伴随经济全球化和集装箱海运量的增加，陆港区作为内陆多式联运枢纽在全球供应链中的地位越来越重要，人们对于陆港区内涵的认识也随着国际集装箱多式联运的发展而不断深化和渐趋统一。

1980年，"干港"的概念首次出现在学术研究中。Munford（1980）针对布宜诺斯艾利斯港拥堵的状况提出了在内陆建设干港疏解海港功能的建议。然而，"干港"概念提出很长一段时间后才开始引起学者和政策制定者的关注。Tombolas 和 Semitropical（1999）使用了"货运节点终端"（freight nodal terminal）术语并进行了充分论证后，指出欧洲国家尽管在设计理念和功能定位上相似，例如大都提供运输节点转运服务以及仓储、通关、保险等附加服务，但各国的相关定义存在差别。Slack（1999）建议使用"卫星设施/终端"（satellite facility/terminal）处理集装箱存储业务以减轻海港的拥堵。除了解决海港拥堵问题外，减轻海港带来的环境问题也是设置内陆港的重要动因（Roso and Lumen，2010）。

Roso 等（2009）将"干港"定义为地处内陆无水地区的物流节点，与沿海港口、沿海口岸或空港之间有便利的运输通道，提供转运、集装箱集散、货物仓储以及报关、报检等口岸功能，是沿海港口和口岸功能在内陆的延伸，即连接海港的内陆多式联运终端（inland intermodal terminal），强调铁路运输方式对海港与干港运输效率提高的影响，并在此基础上将干港分为近距离、中距离、远距离三种类型。Wilmsmeier 等（2011）认为，Roso 等（2009）主要强调海港为了扩展其经济腹地而主动寻求在内陆设立干港，设立陆港区的本意是改善内陆距离海港较远，开展国际贸易不便的问题。Rodrigue 等（2010）倾向于使用"内陆港"作为内陆各种类型和不同规模运输节点的统称。Monios（2011）在参照其他学者研究的基础上发展了内陆终端（inland terminal）的分类，系统概括出内陆港的各种分类，其中包含集装箱中转站和无水港；针对西班牙三个内陆码头的地理位置和自身限制条件，与欧洲其他国家陆港区进行比较，确定了沿海港口和内陆港口之间的差异，提出空间差异化发展战略。

Witte 等（2019）对 1992～2017 年发表于学术期刊的 80 余篇内陆港区相关文献进行了综述，将关于陆港区的研究分为三个阶段：第一阶段从 20 世纪 90 年代至 2005 年，以 Slack（1999）、Notteboom 和 Rodrigue（2005）的研究为代表，强调解决港口拥堵和港口区域化发展问题；第二阶段从 2006 年至 2011 年，以 Roso 等（2009）的研究为代表，着重强调干港的建设理念与发展路径；第三阶段从 2012 年至今，以 Monios 和 Wilmsmeier（2012）为代表，强调陆港区建设的情境化，即如何在陆港区所在地、所在区域和国内外环境中建设陆港区的问题。

在我国，"陆港区"的概念最早出现于 2001 年，席平等学者在《建立中国西部国际港口——"西安陆港"的设想》一文中认为，在发达的铁路枢纽、公路枢纽、航空站等交通枢纽条件下，可以按照有关国际物流公约和法规及国内运输政策建设开放型的内陆港口。席平将"陆港区"定义为"在铁路和公路的交会处，供火车、汽车停靠，旅客上下和货物装卸的地方"；将"国际陆港区"定义为"为适应国际贸易的需求，依照有关条约或法令在内陆设立对外开放的陆港区，是内陆交通运输直接通往国际港口的枢纽"。在该文中，席平提出了"西安国际陆港区"的概念设计：将港务局、港口仓库、海关、商检、保险公司、结汇银行、船运代理公司等货运机构直接建到西安，班轮仍停靠在沿海港口的装船码头；以铁路为主，作为西安陆港区到装船码头之间的运输中转线，将两地有机地连为一体，即将港口仓储业务和通关业务在西安完成，通过火车专列运抵口岸后直接装箱上船。席平（2007）根据内陆地区国际贸易发展的需求，以带动内陆地区发展外向型经济和促进国际物流通道发展为出发点，完善了"国际陆港区"的概念，认为国际陆港区是在内陆经济中心城市的铁路、公路交会处，依照有关国际运输法规、条约和惯例设立的对外开放性国际商港，是沿海港口在内陆经济中心城市的支线港口和现代物流的操作平台，为内陆地区经济发展提供方便快捷的国际港口服务，同时基于此，席平进一步分析了建设陆港区的发展战略和陆港区所能产生的经济效益，并提出在西安建设国际陆港区的新运作模式。

光一（2007）认为，港口之间的竞争正演变为港口所参与的供应链之间的竞争，港口发展要高瞻远瞩，与内陆地区合建无水港是沿海港口争取腹地货源的重要手段，是解决沿海港口货运困境的必然出路。该学者强调的陆港区功能除了缓解海港货源外，还包括沿海港口的腹地经济延伸。建设无水港后，货物可以在内陆无水港进行一站式报关、报验、订舱、集疏运、储运、包装、分送等，实现内陆地区与沿海港口的无缝对接。张戎和黄科（2008）指出，内陆港是依托内陆运输方式把海港功能往内陆地区延伸的产物，将内陆港定义为地处内陆地区，为外贸集装箱或者以集装箱方式运输的外贸货物提供装卸搬运、装拆箱、临时存储和海关通关服务的物流运输节点。设置内陆港的主要目的是为内陆托运人和收货人提供国际集装箱多式联运服务，使集装箱运输能够在国际流通的内陆运输部分得到拓展，产生集装箱化运输的效益。内陆港建设可以铁路集装箱物流中心建设为基础，为客户提供国际集装箱多式联运和货运代理等服务，通过此过程逐渐完善内陆港功能。王立娟和张琦（2009）认为，无水港具有集装箱存储、货物集散、仓储及分拨、集装箱箱管点、货运代理、内陆口岸、快运列车服务、管理信息系统及 EDI 等服务功能，除了没有海港码头装船、卸船的操作业务外，其他功能与港口基本相同。无水港具有区别于普通物流中心的两大核心功能：延伸内陆外贸物流资源大节点的功能和海关"直通式"监管点的功能。通过无水港，内陆企业可实现就近将出口货物分类、包装、标注、订舱和出运；设立海关监管点，为货主或出口货运代理企业提供全新的当场报关、报检、签发提单、一票到底的"直通式"全程服务。此外，无水港还具有一定的经济辐射功能，对于区域经济发展具有重要意义，依托无水港发展外贸加工业和现代物流产业可以成为区域经济发展的亮点。

朱长征和董千里（2009）通过比较国内外学者对国际陆港区的定义，结合国际陆港区的主要功能，认为国际陆港区是建立在内陆地区，依托信息技术和便捷的运输通道，具有集装箱集散、货运代理、第三方物流和口岸监管等综合功能的物流节点，是具有完善的沿海港口功能和方便的外运操作体系的内陆集聚地。朱长征和董千里（2010）指出，内陆地区建立国际陆港区后拥有了便捷的国际物流通道，可以更快地进军国际市场，更好地发展对外贸易，这对于我国实施西部大开发和中部崛起战略具有重要意义。董千里（2011）将"国际陆港区"定义为"地处内陆无水运条件地区，与沿海港口或空港有便利运输通道，并具有报关、报检等口岸功能的物流节点。国际陆港区是国际物流在一个国家内陆进行集散、中转、报关等的作业节点，是内陆地区发展外向经济的必要功能设施"。董千里（2012）以物流集成场的理念强调了陆港区的运输、物流及口岸功能。

冯社苗（2011）侧重于阐述陆港区的功能，认为国际陆港区是在内陆地区建立的具有报关、报检、签发提单等港口服务功能的设施，依靠海铁和海陆等多式联运方式与海港连接，在陆港区内设置有海关、检验检疫等监管机构，为客户提供便捷通关服务；同时，银行、货代、船代和船公司也在陆港区内设立分支机构，以便收货、还箱、签发以当地为起运港或终点港的多式联运提单。胡亚君（2017）将"陆港区"定义为"内陆地区助力沿海港口集装箱集散、货物通关及报关、报检等货运站口岸功能，并能衔接海路与公路、铁路等运输通道的物流节点"。贺博雅（2018）和郑艳玲（2019）将"陆港区"定义为"地处内陆地区，以铁路集装箱中心站为核心，集聚多种服务平台，具有物流资源集成能力的平台集成体"。

综上所述，经过二十余年的论证与发展，国内外至今还没有形成关于陆港区统一完整的理论体系，虽然国内外学者对国际陆港区的名称及概念的界定由于地区、环境、时间的不同而有所差异，但相关研究中涉及陆港区功能的阐述基本类似。因此，本书统一使用"国际陆港区"这一称谓，一是考虑到"国际陆港区"通常建设在内陆交通枢纽地区，承接国际货物运输，能够实现通关服务以及提供相关增值业务；二是"国际陆港区"名称符合国际运输的操作规则和国际港口的命名序列：海港、河港、空港、陆港。

参考国际机构、组织和学者的定义，结合我国国际陆港区建设定位和陆港区功能不断丰富的实践，本书将"国际陆港区"定义为：地处内陆交通枢纽地区，融国际货物运输、装卸、仓储、保税、检验、报关等功能为一体，整合多种资源和能力的平台集成体。国际陆港区通过发挥产业集聚和关联效应为陆港区相关园区的形成和建设提供条件，成为地区经济发展的"增长极"；通过发挥极化效应、乘数效应和扩散效应还可进一步带动和辐射周边区域经济发展。

依据以上对国际陆港区定义的总结，本书对国际陆港区的内涵做了如下界定：首先，国际陆港区一般位于铁路、公路或内河较为发达的内陆无水地区，通常处于交通枢纽位置；其次，国际陆港区以国际物流活动为主体内容，处理的货物为进出口货物，提供国际物品的跨境流通服务，是国内物流服务的延伸；最后，国际陆港区是具备复合型功能的平台集成体，以集装箱储存、转运、交接、装卸为基础，还具备办理进出口货物的检验检疫、报关、保税等进出口通关手续的内陆门户功能，是海关、货运代理企业、金融机构的集成体。

三、国际陆港区的特征

国际陆港区及相关概念在不同国家的称谓不同，在功能设置及地理位置上存在相互交叉、重叠的现象（袁媛，2017），陆港区的内涵也尚未有统一的权威解释（沙莎，2012）。结合以上关于陆港区相关概念的讨论以及部分陆港区规划与发展的内在要求，可以明确陆港区具有如下基本特征：

1. 国际陆港区拥有与海港几乎相同的功能体系

陆港区是海港功能向内陆的延伸，除海港装卸船功能外，陆港区基本具备与沿海入（出）境港口相同的功能：海关、检验检疫等政府机构在陆港区设立办事处，提供报关、报检、提交订单等口岸监管一站式服务；货代、船代与船公司在陆港区设立分支机构，以便收货、还箱以及完善集装箱多式联运、国际货运代理等功能；现代物流企业在陆港区集聚，提供运输、加工、包装、配送和信息处理等综合现代物流服务。

2. 国际陆港区通常拥有对接海港的运输体系

内陆外向型经济发展往往受限于对外通达性差与公路运力低的"瓶颈"，国际陆港区必须通过大运力的内陆运输干线（铁路或高速公路）对接海运网络，实现内陆货物的全程、跨国运输。在国际大通道网络化发展情况下，也可以利用国外海港将货物运往海外，进口货物通过国外港口及国际通道直接到达国际陆港区，在国际陆港区对货物进行分拨。

一般而言，陆港区都开通至海港的定点、定路线、定车次、定时间、定运价的"五定"集装箱班列。在集装箱多式联运趋势下兴起的陆港区，不仅应实现引货入箱、货物运输集装箱化，更要完善与集装箱场站相同的功能，包括集装箱堆存、装卸、转运、拆装箱、检验维修以及空箱的回收、存储、发放等。

3. 国际陆港区拥有规模化的经济体系

内陆地区的陆港区必须有较大的价格优势，才能够吸引过去直接从海港办理进出口手续的货物运输流，但前提是陆港区可以规模化地处理大量货物。大运量的运输体系通常与规模化的经济体系紧密联系，因此，国际陆港区通常设置于经济增长潜力大、交通运输便利的内陆经济较为发达的城市。

第二节　国际陆港区的功能与分类

国际陆港区的功能定位即根据国内外市场需求，确定陆港区主要服务对象和提供物流功能要素的过程，是陆港区规划建设中首要考虑的问题，进一步影响到陆港区业务模式等其他工作，决定国际陆港区的发展方向和前景（朱长征和董千里，2010）。国际陆港区的功能是指陆港区在国际物流业务中所发挥的作用，陆港区功能因陆港区的定位、类型、形成动因不同而有所差异，在不同的发展阶段也体现出不同的功能组合并在实践中不断发展和完善。

国外陆港区的功能定位更加侧重强调陆港区的海铁联运功能，强调海陆间集装箱运输的高效性，强调陆港区的货运站功能，强调收货、取货、报关等港口服务。我国在定位陆港区功能时更加侧重强调内陆集装箱集散功能及口岸功能，以减轻海港货运压力；以及陆港区的运输枢纽功能，该功能是海港、内陆铁路和公路等运输网络衔接点的重要体现（胡亚君，2017）。

一、国际陆港区功能

国际陆港区的特殊地理位置决定了陆港区提供多样化的物流服务功能。联合国亚太经济和社会委员会《政府间陆港协定》指出，陆港区的基本功能包括：对在国际贸易过程中移动的货物进行装卸、储存和法定检验，以及对之适用的海关监管和办理海关手续。陆港区的附加功能包括但不限于：接收和发送货物、拼装和分送货物、货物仓储、货物转运。沙莎（2012）指出，陆港区承接海港向内陆转移的部分功能，主要具备内陆口岸、集装箱集散与仓储、国际货运代理、第三方物流、保税、信息处理、金融服务等功能。

为了适应经济发展的需求和发挥自身优势，陆港区除了提供传统的海港所能提供的基本服务外，还应在港口基本功能上进行扩展，追求服务的多元化和综合化，提供内陆地区货物仓储及分拨、集装箱集散及联运、进出口配送及转运和代办清关等全面服务，此外，还可提供与其业务相关的金融、保险、物流咨询等服务（见图1-1）。

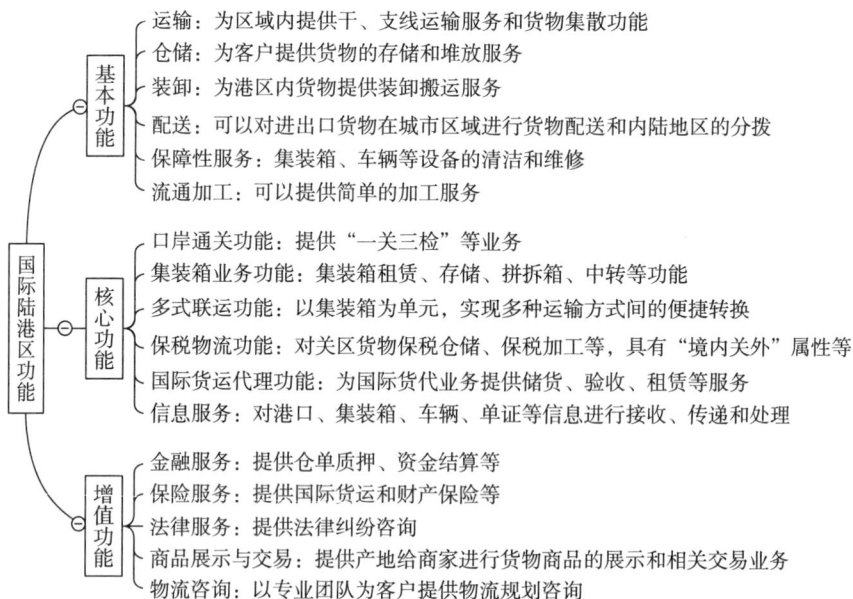

图1-1 国际陆港区的功能

（一）基本功能

国际陆港区提供的基本功能包括运输、仓储、配送、保障性服务以及流通加工等。

（1）运输功能：为区域内提供干线和支线运输服务，实现运输服务的集散功能。

（2）仓储功能：为客户提供货物的仓储与堆放服务。

（3）配送功能：进出口货物城市区域配送和内陆地区的分拨。

（4）保障性服务：提供车辆、集装箱设备的清洁、消毒、熏蒸、保养和维修等服务。

（5）流通加工：提供流通环节的简单的加工服务，如分拣、包装、刷唛等。

（二）核心功能

国际陆港区的核心功能包括口岸通关、集装箱业务、保税物流、多式联运、国际货运代理以及信息服务等。

（1）口岸通关功能：陆港区提供"一关三检"等业务，即实现进出口商品通关、商品检验、动植物检疫和卫生检疫功能。

（2）集装箱业务功能：提供进出口集装箱整箱租赁、运输、交接、保管、堆存、拆装箱、理货、拼箱、空箱管理等服务。

（3）保税物流功能：通过设置保税仓库、出口监管仓库、保税物流中心实现保税物流功能。

（4）多式联运功能：提供与水路、公路及铁路等多种运输方式的联合枢纽功能，多种交通工具相互衔接，实现货物的转运。

（5）国际货运代理：受货主及船公司委托代办接货、发运、签发提单等，租赁及管理集装箱，代办报关及多式联运业务。

（6）信息服务：及时为客户提供有关信息服务，通过信息管理系统对港口、集装箱、车辆、单证等信息进行接收、传递和处理。

（三）增值功能

除了提供基础服务和核心服务外，国际陆港区还可提供相关的增值服务，包括金融、保险、法律、会展、物流咨询等服务。

（1）金融服务：提供国际贸易结算、进出口贸易融资服务。

（2）保险服务：提供进出口货物运输保险、出口信用保险、融资担保服务。

（3）法律服务：为陆港区相关方提供国际贸易、投资、运输、保险等方面的涉外法律咨询和援助。

（4）会展服务：提供国际展览服务，包括展会组织、展位设计、展台搭建、展品运输与报关、展览代理等。

（5）物流咨询：陆港区充分发挥集运输、仓储、加工、分拨、信息为一体的优势，为客户开展国际物流规划，管理和参与生产企业的供应链重组和改造。

二、国际陆港区分类

目前，对于国际陆港区的分类具有代表性的有按照地理位置分类和按照功能定位的分类。

（一）按地理位置进行分类

Roso 等（2009）将陆港区按照地理位置分为近距离陆港区、中距离陆港区、远距离陆港区。

1. 近距离陆港区

近距离陆港区是距离海港 100 千米以内的物流节点，由于海港自身的压力与负荷，运输资源相对稀缺，长期处于供不应求的局面，因此，在港口的边缘或市郊的地区，建立港口在近海地区的另一个货物集疏运中心。此种类型的陆港区可以看作港口在内陆临时具有仓储、中转等功能的物流节点。由于港口造成港城及周边地区的公路运输紧张，运力的增长远不及货流量的增长，因此，大多数港口都受到港口空间制约和疏运能力紧缺的困扰。因此，在港城的边缘或市郊的位置，可以建立近距离陆港区，主要作用是缓解港口所在城市的交通压力。来自各地的铁路货车和公路货车直接把货物运送到内陆港区，然后再由内陆港区提供到港口的直达铁路运输，把货物直接送到岸边装船。如美国的阿拉曼达走廊将洛杉矶港及长滩港与洛杉矶市区的货运中心连接，通过地下铁路线将货物运输于港口和货运中心之间，避免了货物运输给洛杉矶市区交通带来的压力。图1-2为近距离陆港区的概念。

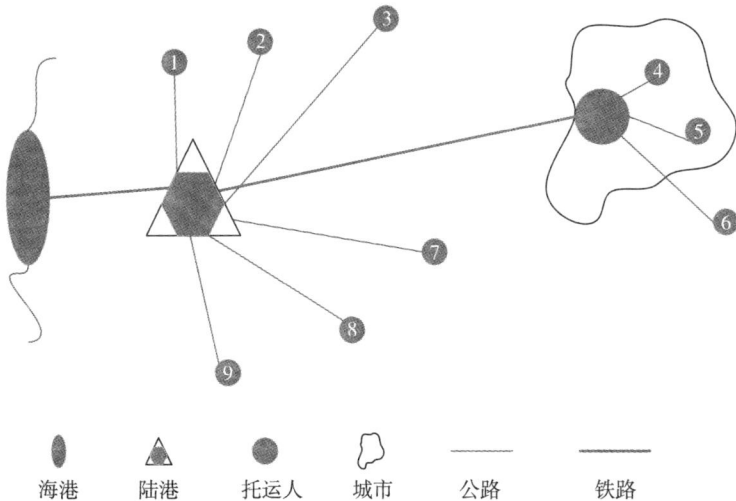

图1-2　近距离陆港区的概念

资料来源：Roso 等（2009）。

2. 中距离陆港区

中距离陆港区是处于海港辐射半径 500 千米以内的内陆物流节点，它是铁路网和公路网的接合部，可以快速集散货物。公路和铁路的竞争除了性价比外，还取决于地理因素和人口因素。陆地运输在 500 千米距离处公铁竞争最为激烈，这个位置正好可以覆盖与港口相连的公路运输所及范围，而中距离陆港区也就定位在这样的位置。它是对来自不同方向的铁路线和公路线的一个巩固点，可以将这部分货流集中整合后运到港口。因此，距母港中等距离的国际陆港区可作为港口的时间和空间的缓冲地。图 1 – 3 为中距离陆港区的概念。

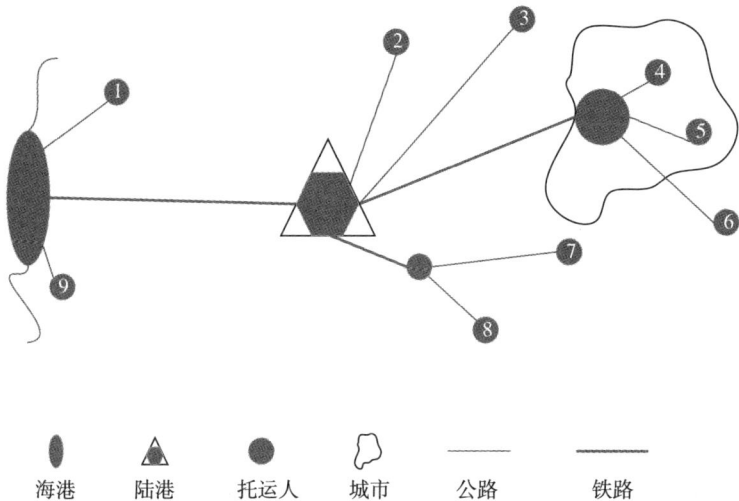

| 海港 | 陆港 | 托运人 | 城市 | 公路 | 铁路 |

图 1 – 3　中距离陆港区的概念

资料来源：Roso 等（2009）。

3. 远距离陆港区

远距离陆港区距沿海港口 800 千米以上，港口抢占内陆市场份额，运用铁路连接内陆，降低公路运输成本，同时在内陆形成货运中转，以降低沿海港口自身压力，改善港口城市的经济环境，提升其在沿海区域的竞争力。

远距离陆港区在三类内陆港区中是最传统也是出现最早的一类，它可以通过向货主企业提供低成本和高质量的服务，使港口获得更广阔的潜在货源腹地，同时港口和货主企业也能共享利益。距离母港较远的国际陆港区主要通过增加通往港口的铁路运输线路，为货主提供更环保、更低廉和快捷的运输质量，减少远距离公路运输。如伊萨卡无水港就属于远距离无水港，其为卢旺达和布隆迪的内陆货主提供了海铁联运的综合运输方式，降低了运输时间，节约了综合物流成本。图1-4为远距离陆港区的概念。

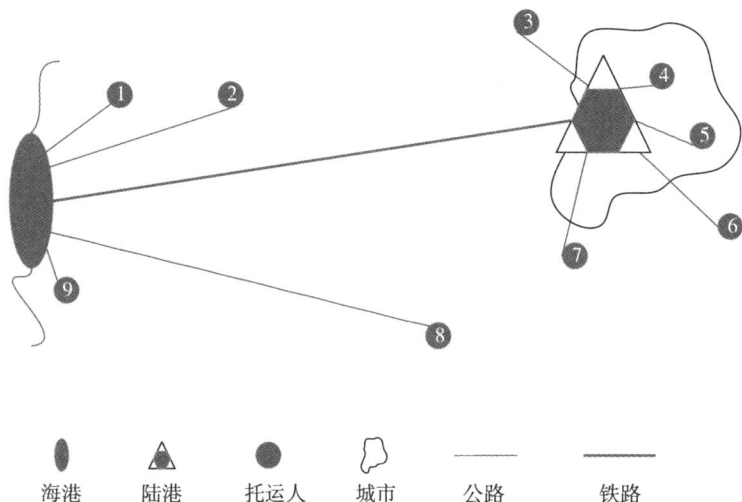

图1-4　远距离陆港区的概念

资料来源：Roso 等（2009）。

此外，车文（2014）基于类似的地理位置理念，以国际陆港区的概念内涵为基础，依据城市经济需求和区域战略规划，把国际陆港区分为近海区域陆港区、内陆区域陆港区和国际区域陆港区。近海区域陆港区是港口在近海且经济较发达的内陆区域的市场延伸，它是内陆城市根据海港的需求，以合作伙伴形式，改造城市旧有设施或新建陆港区设施，不仅可以提供港口内陆地区的市场资源，而且能促进内陆城市经济结构开放型的发展，如天津港与石家庄国际陆港区。内陆区域陆港区位于内陆地区公路网络和铁路网络比较发达的区域，是内陆区域经济与物流发展圈的中心点，同时处于国际大路桥通道上，自身建设具有与港口相同功能的内陆港口，是连接国内海港与国际市场的重要设施，如西安和郑州国际陆港。国际区域陆港区身居内陆，所处城市区域与邻国有接壤部分，和邻国具有紧密的国际贸易关系，该陆港区的建设是基于区域经济外向型发展和国家对外贸易战略规划部署，建立具有港口功能的内陆国际物流设施，依托完善的公路、铁路和航空设施，衔接国内地区，辐射国际贸易市场的陆路国际物流节点，如昆明和哈尔滨国际陆港区。

（二）按功能定位进行分类

根据国际陆港提供进出口贸易服务的差异，可以将陆港区的功能概括为提供进口配送服务、出口转运服务和进出口综合服务三类（朱长征和董千里，2010）。

1. 进口配送性国际陆港区

对于消费能力强、市场需求大，而本地出口量相对较小的地区，其国际陆港区适于建设成进口配送性。其运作流程为进口集装箱卸船后，在海关的监管下直接通过公路或铁路运输运往国际陆港区，在国际陆港区完成进口报关，然后运往内陆货主。建设进口配送性国际陆港区，对内陆城市而言，有利于减少进口货物的物流成本，缩短进口货物的进口时间。对与国际陆港区结成联盟的沿海港口而言，有利于增强其快速疏港能力，扩大经济腹地。进口配送性陆港区主要的业务包括保税仓储物流业务、"一关三检"服务、集装箱业务（拆箱、交付、配送、箱管等）、简单的流通加工（包装、分级、刷唛、拼装等）。

2. 出口转运性国际陆港区

对于以发展出口贸易为主、商品出口量大，而本地市场容量有限、进口量相对较小的地区，其国际陆港区适于建设成出口转运性。其运作流程为货主在工厂将货物装箱后，运往附近的国际陆港区，在陆港区办理完出口手续后，在海关的监管下直接通过公路或铁路运输运往沿海港口，在港口验放后直接装船运往海外。石家庄内陆港区即为典型的出口转运性国际陆港区。出口转运性国际陆港区主要的业务包括出口监管仓库仓储业务、"一关三检"服务、集装箱业务、普通仓储服务、国际货运代理服务等。

3. 进出口综合性国际陆港区

对于进出口贸易都较为发达的地区，其国际陆港区适于建设成进出口综合性。运作流程为进口集装箱卸船后，在海关的监管下直接通过公路或铁路运输运往国际陆港区，在国际陆港区完成进口报关，然后运往内陆货主；出口货物运往附近的国际陆港区，在陆港区办理完出口手续后，在海关的监管下直接通过公路或铁路运输运往沿海港口，通过港口验放后直接装船运往海外。西安国际港务区是典型的进出口综合性国际陆港区，它依托西安铁路集装箱中心站、西安新筑铁路散货场以及周边便利的铁路、公路运输网络，实现与沿海港口的有效连接，形成具有保税、仓储、海关、边检、商检、检疫、结汇银行、保险公司、船务市场及船运代理等国际港口所具有的多种功能的综合性物流服务聚集地和接合点。进出口综合性国际陆港区主要的业务包括保税物流中心物流服务、"一关三检"服务、仓储物流服务、包装和流通加工业务、国际货运代理、信息服务等。

（三）按陆港区与海港的关系进行分类

根据与海港的关系，陆港区可以分为支线型陆港区和枢纽型陆港区（李坤颖，2011）。支线型陆港区的定位是作为海港的喂给港，即海港腹地的内陆延伸，它是陆港区发展的最初阶段；枢纽型陆港区的定位是沿海港口的内迁，具有完善的沿海港口功能，是方便的外运操作体系的内陆集聚地。

1. 支线型陆港区

支线型陆港区就是海港的喂给港，这类陆港区建立在缓解对海港自身压力的基础上，需要以相对完善的公路或铁路运输方式为支撑，同时具有物流中心基本功能，还应设置口岸功能。

由于沿海地区海港不断发展，以及我国加入世界贸易组织（WTO）之后面临的国际竞争压力迅速增大，沿海地区港口不但要在国内做大做强，而且要在国际海运市场争得一席之地。但由于整个社会的物资数量是有限的，谁争得了内地物资市场谁就有可能率先壮大，这时就需要陆港区与海港相配合。由于支线型陆港区的定位是海港的喂给港，也就是海港腹地的内陆延伸，所以这类陆港区不需要建立在两种以上的运输枢纽旁，只要有一种交通运输方式并且具有"一关三检"的职能，降低海港海关压力，便可称为"支线型陆港区"，它是陆港区发展的最初阶段，例如河北石家庄的内陆港区就是与天津港合建而成的支线型港区。

2. 枢纽型陆港区

枢纽型陆港区的定位为沿海港口功能的内迁，提供与沿海港口相同的物流服务功能，而且与沿海港口具有同等地位。枢纽型陆港区多建于陆路运输门户枢纽，依托便利的交通，从事国际货运物流节点的区域运输、装卸和其他操作。枢纽型陆港区的设立，不但有利于实现内陆地区物资与国际物资的互换，有利于降低物流成本等，而且也有利于促进沿海港口改革，进一步推动我国沿海港口的转型。

发展国际中转型枢纽港，是陆港区解决其所在腹地经济发展水平较低，无法保证陆港区正常运转所需货源问题的方法（贺博雅，2018）。通过发挥陆港区地理优势及交通区位优势，吸引其他城市的货源，成为陆港区及周边地区国际货物集结分拨的中心。典型的国际中转内陆枢纽港如芝加哥、杜伊斯堡等港口。西安国际港务区是我国具有代表性的中转枢纽港，其发展目标是依托西安的区位优势，基于铁路、公路、航空等运输手段，以与沿海港口或内陆其他地区合作为基础，在内陆形成国际货物的中转集散中心，成为"丝绸之路经济带"上的国际中转枢纽港。

（四）按建设模式进行分类

按建设模式，陆港区可分为投资合作型和业务对接型（车文，2014）。投资合作型陆港区是海港的港务部门直接参与陆港区的建设投资，包括堆场、仓库的建设，装卸设备的购置，铁路专用线的改造等。

业务对接型陆港区是对应海港业务不做任何实质性资产投资，海港集团一般通过人才输出、管理经验输出、管理系统开放对接、提供优惠条件等参与陆港区的运营，该类陆港区基础设施和设备的建设均由当地政府或合作伙伴完成，港务集团更多地参与陆港区的业务对接运营。

（五）按发展阶段进行分类

国际陆港区的发展阶段可以分为初级阶段、中级阶段和高级阶段（李坤颖，2011）。在初级阶段，陆港区作为沿海港口的附属港、支线港，是海港腹地的内陆延伸。在中级阶段，国际陆港区与沿海港口之间更多的是一种合作互利关系，国际陆港区不单单只为一个海港服务，与其他海港、陆港区均有合作关系，通过设置陆港带来产业集聚。进入高级阶段，由于国际陆港区深处内陆地区，接近经济腹地，条件极其优越，处于大陆桥枢纽的国际陆港区将发展成为核心物流极，各个沿海港、陆港区将演变成为其支线港和喂给港，为处于核心地位的国际陆港区服务。初级阶段的陆港区解决运输问题；中级阶段的陆港区解决产业问题；高级阶段的陆港区更多的是从制度上着手，成为制度的创新中心。

（六）其他分类

根据陆港区与航运水系的空间位置分布，陆港区可以分为大陆陆港区与内河陆港区两种；根据国际集装箱年运输量，可分为一级港、二级港、三级港和四级港；根据陆港区与港口之间的连接关系，可分为一对多平台型和一对一专有型；按照是否靠近内河航运体系，可分为大陆无水港和内河无水港；等等。

第三节　国际陆港区形成的基础条件与动力机制

内陆地区便捷性国际物流通道的缺乏，使内陆地区外向型经济发展明显滞后于沿海地区，对于内陆相对落后和封闭的外贸经济格局而言，陆港区的设立如同天降甘霖。国际陆港区的形成离不开国际贸易与国际物流的发展，贸易企业、物流企业、海关、检验检疫等机构集聚产生的集聚效应是国际陆港区形成与发展最根本的动力。国际陆港区的建立大大地降低了企业开展国际贸易的物流成本，有助于激发和壮大物流需求市场，促进区域外向型经济良好发展。

一、国际陆港区形成的基础条件

完善的物流交通运输网络、宽厚的腹地经济基础、良好的产业体系前景是国际陆港区选址考量的关键因素，同时也是陆港区建设与发展的基础条件（胡亚君，2017）。

1. 完善的物流交通运输网络

完善的物流交通运输网络是陆港区形成和发展的基本条件，许多陆港区正是建设在内陆地区交通枢纽上，吸引人才、资本、技术和信息等各类要素集聚，成为拉动地方经济、带动整个区域经济发展的重要引擎。西安国际港务区是陕西省着力打造的大型国际陆港区，是西安乃至关中经济区开放战略的重要物流平台。以西安为中心，陕西形成了国道、高速公路、普通铁路和高速铁路的四重"米"字形交通骨架。西安国际港务区位于西安市主城区东北部的灞渭三角洲，是目前亚欧大陆桥最大的国际陆港区，陕沪、包茂、连霍、福银等8条高速骨干路与西安三环路、绕城高速无缝对接，陆港区距离西安咸阳国际机场 28 千米，距离西安高铁站 7 千米，是国家多式联运示范基地。西安国际港务区着力打造成为"一带一路"上最大的内陆型国际中转枢纽港、商贸物流集散地和大西安东部城市新中心。

2. 宽厚的腹地经济基础

腹地经济基础是陆港区规划时首要考察的指标，经济基础良好且发展迅速、贸易需求大是刺激陆港区形成的根本原因。内陆城市自身良好的外向型经济基础，以及腹地经济发展带来的充足外贸货源，是陆港区发展的前提条件。只有基于经济贸易基础，陆港区的运作才能够发挥积极作用并取得良好的经济效益和社会效益。乌鲁木齐既是新疆最大的商贸服务业和工业制造中心，也是向西开放极具战略地位的进出口商贸集散地，具有良好的腹地经济基础。乌鲁木齐国际陆港区位于乌鲁木齐西北部，是依托西站、北站、综合保税区、多式联运中心、班列集结中心等平台构成的产城联动发展区域，打造亚欧大陆物流、商流、信息流、资金流聚集交换的重要节点，通过连接成都、重庆、西安、郑州、武汉等内陆地区开放新高地以及连云港港、天津港、青岛港、宁波港、上海港等沿海港口，形成东西双向互济的新格局，对新疆向西开放和经济发展产生极大的推动作用。

3. 良好的产业体系前景

根据产业转移的"雁阵模式"，西部地区尤其是交通便利的枢纽地区，通过选择性地承接东部地区产业转移，可以更好、更快地构建与完善产业体系，改善产业结构。《国务院关于中西部地区承接产业转移的指导意见》鼓励在中西部条件较好的地区设立产业承接转移示范区，充分发挥其典型示范和辐射带动作用，并在财税、金融、投资、土地等方面给予必要的政策支持。"整合区域资源、承接产业转移、形成产业聚集、构建产业体系"，壮大国际陆港区产业园区的基础，是国际陆港区园区产业构建与发展的可行路径，成为西部国际陆港区发展的重要内容，已在西安国际港务区等陆港区得到了充分实践。

二、国际陆港区形成的动力机制

所谓陆港区形成的动力机制，就是陆港区建设与发展的内在动力，是促成建设陆港区的各种影响因素的总和（张登健和唐秋生，2013）。相关学者探究我国陆港区发展的内在动力，主要围绕内陆地区外向型经济发展、海港区域化发展、集装箱多式联运下的船舶大型化发展、物流结构调整以及区域通关模式改革等方面展开（张兆民，2010；魏晓雪，2016），但不同陆港区发展的动力源不同。

1. 内陆地区外向型经济发展的需要

受地理条件影响，我国经济发展极不平衡，沿海地区集中了主要的经济发达城市，而中西部地区却因深处内陆，即使拥有资源和劳动力优势，也很难吸引企业进驻，导致一段时间内内陆经济发展相对滞后，外向型经济发展明显不足。随着我国西部大开发战略、中部崛起战略、"一带一路"倡议、高质量发展战略的实施以及加快构建"双循环"新发展格局的推进，国家建设重心的转移为内陆地区的经济发展创造了良好条件，而建设国际陆港区就成为我国内陆地区发展外向型经济的关键举措。国际陆港区的出现解决了内陆地区外向型经济发展的"瓶颈"问题，它使内陆地区与国际接轨，丰富的资源和劳动力优势加强了进出口商、外贸物流企业和投资者的吸引力，带动了内陆地区经济的发展。

2. 沿海港口发展的需要

随着经济全球化趋势的加强，中国对外贸易发展速度不断加快，我国外贸量出现逐年快速攀升，对外贸易依存度始终较高，随之而来的物流运输需求也不断增长，使现代港口成为贸易供应链中的重要环节，为了确保整个供应链的畅通和沿海港口的高效运转，就必须在内陆地区建立若干物流节点进行支撑。

随着现代海港规模的扩大和吞吐能力的增加，港口之间的竞争压力和物流压力增大，港口之间竞争的重点已从单纯的吞吐能力转移到内陆腹地市场货源的争取上。各沿海港口之间为了抢占经济腹地市场份额、揽取货源，纷纷主动和内陆地区合建国际陆港区，例如天津港和宁波港就是海港争取腹地货源的典型代表。陆港区的建成有效地扩展了腹地货源市场，使海港功能通过国际陆港区延伸到内陆腹地，通过"陆港区到海港"的运输模式，提高了货物流转和通关效率，加强了港口与内陆地区的联系，促进了沿海和内陆经济的协调发展。另外，沿海港口城市的生态环境建设受到越来越多的重视，减少货车进城造成的污染也是陆港区出现的重要原因。

3. 船舶大型化发展的客观要求

国际贸易的发展和集装箱运输方式的出现促进了国际运输量的增长，港口企业相继投入大型船舶来增加运输量。大型船舶的停靠以及集装箱在港口的堆积对港口产生了极大的运输和仓储压力，港口的自然条件和其他配套设施将越来越难以满足海港运量规模扩张的需求，最终会成为制约沿海港口发展的重要"瓶颈"。

为了解决沿海港口发展遇到的一系列问题，迫切需要建设内陆疏运枢纽来转移货物集散对港口产生的压力。国际陆港区的出现在海港的内陆运输系统中又增加了一个物流节点，通过运输能力较强的铁路与海港相连，有效利用铁路运输受天气和路况等外部因素影响小、运输规模大和时间准确等优势，使国际集装箱运输通道更加通畅。陆港区通常提供"一关三检"等当地化服务办理货物进出口通关手续，减少货物滞留时间，从而降低物流成本，提高多式联运效率，有效解决因集装箱装卸量过大造成的港口拥堵和环境污染问题。

4. 调整物流运输结构的需要

相比发达国家，我国物流体系建设起步较晚，内陆运输体系中存在布局不合理、运输成本高、管理体制复杂和流转效率低下等亟待解决的问题。国际陆港区通常建设于内陆地区的交通枢纽站，在周边区域设置若干个物流支撑节点，为进出口货物提供方便、快捷的服务，不仅解决内陆地区运输节点过多且分布不均的问题，还可以更好地发挥产业集聚作用，形成物流商贸综合体，辐射和带动区域发展。

5. 区域通关模式改革的需要

简化和改革内陆省区进出口货物的通关手续，降低物流成本，促进内陆区域对外贸易发展是陆港区建设的关键要义所在。区域通关模式较之传统的转关或口岸清关模式，真正实现了"一次申报、一次查验、一次放行"，最大限度地减少了海关对物流的干预（朱长征，2010）。区域通关模式更加尊重物流规律，手续更加简便，合理划分沿海和内陆海关的权责，打破了目前行政区划和海关关区设置所形成的障碍，并依托现代信息化手段，成功激活了口岸和内陆海关两种资源的比较优势，实现了关区间通关监管作业的整体协作配合和有机互动。西安国际港务区创立的"港口内移、就地办单、海铁联运、无缝对接"的内陆港区模式就是区域通关模式下陆港区提高作业效率的重要创新举措。

6. 陆海内外联动的需要

随着陆港区在国内的发展，国内运输资源和客户逐渐被充分发掘，"稳定存量，发掘增量""陆海内外联动"成为国内主要陆港区的竞争策略。例如，中国与日韩近邻，互为重要贸易伙伴，近海航线开设较为密集，海运承担了中国与日韩主要的货物贸易运输。目前，日韩与欧洲的国际贸易运输主要通过海运完成，耗时两个月左右。中欧班列开通后，可以为日韩与欧洲贸易提供过境运输服务，全程运输时间可缩短为 15 天左右。利用中欧班列，开拓第三方国际市场，吸引日韩等过境货物，无缝对接全球航运体系，成为陆港区货运量的重要增长点。陆海内外联动下中欧铁路为日欧贸易提供过境运输服务，通过海运方式将日本货源运至中国沿海港口，通过多式联运方式换装至中欧班列，最后运输至欧洲目的地。

第四节　国际陆港区发展模式与功能演化

物流企业具有空间聚集性和交通依赖性，物流企业围绕陆港区毗邻分布可以充分享受共同市场带来的益处：一方面，地理邻近提高了交易的匹配效率，形成规模经济；另一方面，节约了运输和交易成本。同时，国际陆港区承载着对外贸易的口岸功能，货物交易往往较为频繁，商贸产业比较发达，方便的交通和物流企业的集聚会吸引更多进出口商和海外投资者的进驻，最终形成完整的物流商贸园区。

一、国际陆港区的发展模式

陆港区发展模式是在特定的政治、经济环境中所形成的行为方式及战略发展定位，国际陆港区的发展模式直接影响国际陆港区的发展方向及对策。

沙莎（2012）将陆港区动力机制概括为陆港区推动型、海港推动型和陆海联动型三类。刘冉昕（2017）根据陆港区的管理体制，将陆港区分为三类，即以海港为主导的陆港区、以内陆城市为主导的陆港区和海港与内陆城市合作建立的陆港区。魏晓雪（2016）依据陆港区建设的地理推动方向将陆港区建设分为由内向外型、由外向内型和内外联动型，本质上与陆港区推动型、海港推动和双港联动型的分类一致。

1. 陆港区推动型

位于腹地区域的内陆城市为发展本地经济，利用物流枢纽的优势投资建立陆港区，对接多个港口，通过高效的运输组织，改善内陆城市货物进出口环境，促进地区外向型经济的发展。石家庄、西安、南昌、兰州等国际陆港区就是典型的陆港区推动型案例。

石家庄陆港区位于石家庄国际物流园区，是国家二类口岸。石家庄陆港区先后与天津、青岛口岸签订协议，有效地解决了"属地申报、口岸验放"通关模式下企业需要委托口岸报关企业运作的问题。包括中海、中远、东方海外在内的十几家海运公司以及石药集团、招商局物流等大型跨国企业已经以此为平台，开展进出口贸易和国际货运业务。石家庄陆港区未来规划面向东北部和西北部，拓展与欧盟、东欧、东北亚以及西亚的国际贸易往来。近年来，石家庄陆港通过加强与哈尔滨陆港区的合作，积极发展与俄罗斯的贸易。同时，该陆港区加强与西安陆港区的合作，开辟了新亚欧大陆桥运输路线。南昌为了发展本地经济，也主动与厦门港、深圳港和宁波港联系，通过"海铁联运"开通陆港区，大大缩短南昌与国际市场的距离，提高其对外开放的程度，引致世界知名企业纷纷在南昌投资兴业。

2. 海港推动型

海港推动型是指沿海港口为争取货源和扩大内陆经济腹地、增加货源辐射面而建立的陆港区，内陆港区在建设中起辅助作用。海港为了扩大港口吞吐量和市场份额，提升自身的竞争力和吸引力，获取内陆腹地供应链上的更多货源，沿海港口主动与内陆城市合作共建陆港区，以缓解港口产能限制和扩大货源及市场辐射范围，其可持续发展性取决于陆港区所具备的海关通关功能和集货能力。

例如，天津港建立的北京朝阳、河北石家庄、宁夏惠农、新疆乌鲁木齐等陆港区就是典型的海港推动型案例，通过设置陆港区，实施"走出去"战略，通过"铁海联运"将内地陆港区的货物源源不断地运到天津港，货源得到保障，进出口总值上涨迅猛。宁波港在浙江金华、义乌、绍兴、余姚及衢州等地建立的陆港区，在为宁波港带来大量货源的同时，也极大地推动着当地经济的发展。大连港作为门户，在长春、哈尔滨、沈阳等地建立内陆无水港，使大连的货源辐射腹地扩大至整个东北地区，对货源地的控制力也大大增强，地处东北内陆的三大省会城市也将因为在自己的地方建立陆港区而大大促进本地经济的发展，加快与国际接轨的步伐，发挥经济带中心城市的作用（吕顺坚和董延丹，2007）。

3. 双港联动型

双港联动包括"陆港区—海港"联动和"陆港区—空港"联动两种类型。"陆港区—海港"联动即内陆城市和海港拥有合作的基础和条件，可以通过建立协调合作机制实现优势互补，将独立运营的两者整合为共生互补的功能共同体，以明显提升货物通关效率。"陆港区—空港"联动指在近年航空物流跨越式发展的背景下，积极推动陆港区和空港的协同发展，建立陆空联盟，联通信息平台及物理网络节点，实现通关机制、物流组织等各方面的有效互动及无缝对接，共同打造全天候、综合性的立体交通枢纽体系（贺博雅，2018）。陆海联动具有代表性的案例是大连港在沈阳、长春和哈尔滨建立的陆港区。大连港通过与铁路部门和内陆城市地方政府合作，大力推进内陆港区在东北腹地的战略布局，以弥补港口集装箱场站能力不足的缺陷。通过建设陆港区将口岸功能向内陆进一步延伸，增强了大连港的货源控制力，形成了较为完善的辐射东北地区的内陆铁路集疏运服务网络。"陆港区—空港"联动代表性的案例是石家庄陆港区凭借有利的地理位置，加强与石家庄空港的业务拓展，并进一步规划与北京、天津空港的业务联合。

4. "港—区—城"联动型

加快陆港区基础设施建设，完善陆港区服务功能，打造智慧陆港区，形成"港—区—城"联动发展格局，既是陆港区发展的重要方向，也是增强陆港区适应力的重要举措。大力发展陆港区临港产业，加快完善与陆港区发展配套的服务业。此外，需要重视发展陆港区物流业，加大政策扶植力度，提高服务水平。同时，城市基础设施建设和产业发展是港口发展繁荣的重要依托，这一模式集中于按照产业规划加快陆港区建设，依托陆港区开展招商引资。通过建立健全"港—区—城"联动的长效机制，形成工作合力，及时解决有关问题，促进港区、港市联动发展。山西吕梁市是典型的资源型经济城市，以煤炭、钢材为支柱产业，随着高速公路网的延伸，吕梁已经成为连接晋、蒙、陕、甘、宁、新、青、藏的交通物流枢纽，为吕梁建立国际陆港区提供了外部条件。吕梁陆港区在建设过程中，很好地贯彻了"建设陆港区、依港设区、以区养港、区港联动、建港兴市"的战略方针及发展方向（温国正和牛明明，2011）。

二、国际陆港区的功能演化

国际陆港区的形成与演进是一个复杂的过程，涉及陆港区各参与方的合作与博弈，还取决于陆港区的发展定位、外部环境，而且受国家相关政策的影响。国际陆港区是一个开放、复杂的系统，是国际陆港区内各物流主体通过功能耦合形成的多主体聚集体。国际陆港区的发展模式和功能定位并非一成不变，而是随着时代不断演化和发展，其功能演化过程可借用生态系统演化理论进行分析。生态系统是由非生物的物质、能量、生物构成的统一整体，在生态系统中，生物与环境相互影响、相互制约，处于动态平衡状态。

国际陆港区就像自然界中的生态系统，在特定的政治、经济、文化等环境下，在一定区域范围内，通过运输、仓储、报关报检等物流活动联系在一起，系统内的物流生产者、物流消费者、物流分解者消耗人力、物力、技术、自然资源，采取分工协作方式，借助信息、资金、物流活动等耦合形成具有动态变化特征的物流生态系统。国际陆港区是由海关、货运代理企业、检验检疫及内陆地区相关部门等多适应性主体组成的，这些主体具有自身独特的组织结构，在系统内部各主体间存在相互竞争、相互合作并存的相互作用关系，通过整合、消耗、分享系统内部物流、信息流、资金流等资源，使国际陆港区内部协调发展（袁媛，2017）。

1. 国际陆港区自组织演化条件

国际陆港区是一个自组织演化系统，满足产生自组织现象的四个条件：①开放性。开放性是自组织结构的必要条件。国际陆港区系统不断地与外界交换资源、技术、信息、物质，向系统中输入负熵，向外界环境输出正熵。这使国际陆港区系统有序度不断增加，无序度不断减少，从而演化形成并保持有序结构。②远离平衡状态是系统反应的推动力。外界输入负熵的条件是系统处于非平衡状态，国际陆港区系统是由多主体构成的复杂系统，各主体由于功能定位不同，因此存在对国际陆港区资源的占用竞争现象，各主体的相互作用关系使国际陆港区远离均衡状态，各主体相互作用产生的有利变化发展放大，促使国际陆港区系统发生演化。另外，信息技术不断提高、系统内部功能结构不断完善等决定了国际陆港区系统通常处于非平衡状态。③国际陆港区系统内部各主体存在大量的非线性作用。国际陆港区整体所表现出来的在供应链中的功能并不是各子系统的简单叠加，而是具有超出整体局部线性叠加效用的非线性作用。如通过国际陆港区形成的物流功能聚集所产生的效率的提高相对于分散的物流资源来说具有明显的优越性，因此国际陆港区系统内部存在大量的非线性作用。④国际陆港区存在涨落机制。涨落机制是系统由无序发展为有序的驱动力量，物流技术的应用、通关模式的变化都会触发国际陆港区系统的涨落机制，使系统变得不稳定而远离原有发展状态，并由非平衡状态逐渐演化为均衡状态。综上所述，国际陆港区系统具备自组织演化的条件，其演化过程具备典型的自组织特征，存在系统特有的动力学规律。

2. 国际陆港区演化的内外部环境

国际陆港区不同于一般的公路港、铁路港和货运中转站，其功能更全面，提供货物仓储及分拨、集装箱集散及联运、进出口配送及转运和代办清关等全面服务，海关、货运代理、检验检疫部门、保险及金融机构、物流企业等参与方的集聚构成了陆港区演化的内部环境。聚集效应是通过内部聚集和外部聚集两种途径实现的。内部聚集主要指陆港区内的企业之间的分工协作，可获得协作经济效益。例如，海运企业和陆运企业的协作，可以增强彼此承接业务的能力；运输企业和仓储企业的合作，可以拓展彼此的业务面；货代企业和船运企业的合作，可以增强彼此的竞争力。外部聚集是指许多不同的企业，可以共用物流基础设施和公共信息平台，从而降低生产成本，获得一定的经济效益。

国际陆港区发展和演化的外部环境涉及政策、经济、技术、环境和自然条件几个方面。平衡区域经济发展，改变中部、西部和东北地区外贸和投资环境，是构建开放型经济新体制的重要内容。对于内陆地区而言，建设国际陆港区可以打开制约内陆地区国际贸易发展的物流"瓶颈"，提高内陆城市国际化水平，增加内陆地区国民经济和外汇收入，缩小与沿海发达地区的差距。

三、国际陆港区的演化路径

国际陆港区可以在集装箱内陆站、物流中心和内陆口岸的基础上建设而成，也可以依托内陆运输枢纽建设而成（朱长征和董千里，2010）。

1. 在集装箱内陆站的基础上形成

集装箱内陆站是集装箱运输过程中的一个重要集散点，是集装箱港口在内陆地区的延伸。有了集装箱内陆站，广大内陆地区的托运人不需要单独将货物运往港口的码头堆场交货，而只要把集装箱货物交给附近的集装箱内陆站，然后由集装箱内陆站将众多托运人的集装箱货物集中起来，通过定期的专用列车、铁路班车，或集装箱专用卡车，以较大的运输批量有组织地运往集装箱码头堆场。反之，由港口进口的集装箱货物卸船后也可以疏运到分布在内陆腹地的内陆站，实现内陆交货。同时，在空箱的发放、存储、回收和拼箱运输中，内陆站也发挥了重要作用。各集装箱运输承运人和集装箱租赁公司，可以像对待集装箱码头堆场一样，委托内陆站作为集装箱代理人或者在内陆站设立分支机构，完成集装箱的堆存、发放、回收及装、拆箱业务。这不仅减少了空箱在集疏运系统中以码头堆场为中心的调运，而且也大大地方便了用箱人的提箱、还箱。从集装箱联运全过程来看，从托运人提取空箱和托运货物到收货人收到货物和还回集装箱，集装箱内陆站与集装箱运输系统中的其他各种环节组成一个有机的、高效率的整体，使集装箱运输"门到门"的多式联运优势得以充分发挥，并对保证港口畅通，减少集装箱在港停留数量和时间发挥重要作用。在现实利益的推动下，一些集装箱内陆站开始寻求功能的拓展，增加"一关三检"等功能，货物在内陆站办理完相关手续后，即可在港口直接装船，大大方便了内陆货主。经过功能的拓展，内陆站就演化成了具有集装箱集散、口岸监管等综合功能的国际陆港区。

2. 在物流中心的基础上形成

"物流中心"一词是政府部门、许多行业、企业在不同层次物流系统化中应用得十分频繁，而不同部门、行业、企业的人们对其理解又不尽一致的重要概念。本书将物流中心理解为处于枢纽或重要地位的、具有较完整物流环节，并能将物流集散、信息和控制等功能实现一体化运作的物流据点。部分位于内陆国际贸易较为发达地区的物流中心，其提供的运输、仓储、包装等基础物流功能已不能满足进出口企业的需求。进出口企业希望能够通过物流中心快速通关；能够在物流中心进行保税仓储，减少税收成本；希望物流中心能够提供国际货代服务，方便货物的进出口。在进出口企业现实需求的推动下，部分物流中心开始拓展自己的物流服务功能，吸引海关、检验检疫部门等机构进驻，使物流中心逐渐演变成为具有"一关三检"、保税仓储、出口监管、集装箱业务、国际货代功能的国际陆港区。

通过对现存的物流园区、保税中心进行投资改造，建设新陆港区是一种追求转型升级的规划理念。尽管可能在物流技术及作业效率上较为落后，但这些物流园区具有相对全面的物流基础设施，并能提供存储、运输、包装等基础物流服务。当前，许多城市新建的物流园区和保税中心都面临一定的物流作业问题，引发了当地进出口产品的货运、结转难题。很明显，仅靠物流园区与保税中心很难满足进出口企业的物流需求。而后在陆港区的不断成长中，才在逐步具备保税仓储、保税物流、出口加工等基本保税功能后，强调加强交通建设、基本物流功能以及口岸功能。

3. 在内陆口岸的基础上形成

口岸原来是指由国家指定的对外通商的沿海港口。随着陆、空交通运输的发展，对外贸易的货物、进出境人员及其行李物品、邮件包裹等，可以通过铁路和航空直达一国腹地。因此，在开展国际联运、国际航空邮包邮件交换业务以及其他有外贸、边贸的地方，国家也设置了口岸。简单地说，口岸是由国家指定的对外往来的门户，是国际货物运输的枢纽。从某种程度上说，它是一种特殊的国际物流节点。口岸可以从不同的角度分类。按出入境的交通运输方式划分，可将口岸分为港口口岸、陆路口岸和航空口岸。其中，陆路口岸又分为边境口岸和内陆口岸。传统的内陆口岸作为国际物流的通过型节点，功能相对单一，主要为货主提供边防检查、海关服务、商品检验、卫生检疫和动植物检疫等服务。部分进出口量较大的内陆口岸，为了向进出口商提供一体化的物流服务，壮大区域物流产业，以此带动区域经济的发展，纷纷进行仓储、货代、集配等物流功能的拓展，经过功能拓展的内陆口岸就逐渐演化成国际陆港区。

4. 依托内陆运输枢纽建设而成

运输枢纽是国家和区域交通运输系统的重要组成部分，是不同运输方式运输网络路径的交会点，是由若干种运输所连接的固定设备和移动设备组成的整体，共同承担着枢纽所在区域的直通作业、中转作业等功能。一些内陆经济相对发达的地区，为了更好地发展外向型经济，依托运输枢纽建设国际陆港区，使之成为连接国内、国际市场的物流平台。正在建设的西安国际港务区就是依托运输枢纽建立的国际陆港区，它主要依托西安集装箱中心站、西安新筑铁路散货场及周边便利的铁路、公路运输网络，以与沿海港口合作为基础，在内陆形成海陆联运的集聚地和接合点。其不仅具有普通物流园区的基本功能，还具有保税、仓储、海关、边检、商检、检疫、结汇银行、保险公司、船务市场及船运代理等国际港口所具有的多种功能。

第二章 国内外国际陆港区发展及经验借鉴

　　当今世界正面临着世界经济深度衰退、国际贸易和投资大幅萎缩等不利局面，对此，各国在全球化上保有基本的共识：国际贸易是能够引导促进世界经济增长，从而助力全球经济复苏的关键措施。同时，对外贸易开始进入以现代物流管理为支撑的全新发展时期，全球经贸物流需求不断扩张，基于内陆城市的国际贸易发展及沿海港口城市拓展货源的需求，国际陆港区建设将成为对外贸易的新趋势。

　　欧美发达国家经贸发展较早，经济基础良好，集装箱运输系统发达且形成了集装箱中转站，以此为基础，建设陆港区作为处于内陆地区的国际物流运作平台，能够更好地助力内陆经济的发展，完善物流系统。国外相对成熟的大规模陆港区主要聚集在拉丁美洲、北美洲、大洋洲及欧洲的内陆城市集群：拉丁美洲大规模陆港区包括墨西哥陆港区在内的121个；北美洲大规模陆港区包括美国芝加哥陆港区、加拿大亚伯达陆港区在内的127个；大洋洲大规模陆港区包括德国阿尔托那陆港区在内的103个；欧洲大规模陆港区包括西班牙陆港区在内的119个。

　　我国陆港区建设只有十多年的时间，起步比较晚，但发展迅速。随着我国沿海产业逐步向中西部内陆地区梯度转移，内陆地区的内外贸货物通过港口运输也日渐增多，促使沿海港口纷纷在货源集中的地区建立内陆陆港区。天津、青岛、大连、营口、宁波、深圳、厦门、连云港等港口积极实施陆港区战略并取得实质进展。目前，我国已经形成四个陆港区群：一是东北陆港区群，以大连、营口港为出海口，主要包括沈阳、长春、哈尔滨等；二是华北西北陆港区群，以天津为出海口，主要包括北京朝阳、石家庄、郑州、包头、西安、乌鲁木齐等；三是山东半岛陆港区群，以青岛、日照为出海口，主要包括青州、临沂、淄博、洛阳等；四是华东、华南及西南地区的陆港区群，以宁波、厦门、深圳、北部湾港为出海口，主要包括金华、义乌、绍兴、南昌、赣州、龙岩、南宁、昆明等。

本章通过对国内外典型的陆港区的发展情况进行归纳梳理，分析出国内外典型的陆港区的现状与问题，总结提炼国内外先进的陆港区发展经验，力图为乌鲁木齐国际陆港区的发展提供成熟的理论与实践指导。

第一节　国外陆港区发展现状

陆港区是一个新生的经济系统，不如海港历史悠久且已经形成完整的运营规范，陆港区的建设缺乏统一有效的管理以及系统的理论支撑和实践指导，还未形成成熟的行业运作规范。另外，由于陆港区的运营涉及诸多部门，各地的陆港区系统相互联系、相互影响，一旦投资失败、经营失利，将造成一系列的连锁反应，从而使资源大量浪费。

国外国际陆港区（见表2-1）的发展较快，因而本章首先选取了一些发达国家、发展中国家的经典陆港区发展案例，从对国外陆港区理论、建设及发展的研究入手，总结提炼出陆港区建设发展的可行性的借鉴经验，力图为我国陆港区发展提出实践性和指导性意见。另外，国外并没有"陆港区"这一名词，多是与沿海港口协同运作的内陆型物流园区或内陆物流中心、分拨中心，其性质、内涵和功能与目前国内所谓的陆港区类似，为了统一称谓，将统一称为陆港区。

表 2-1 国外主要国际陆港区及分类

按位置进行分类	国际陆港区名称	国际陆港区所属国家
近距离国际陆港区（距离海港 100 千米以内）	查尔斯顿陆港区	美国
	弗吉尼亚陆港区	美国
	巴黎自治陆港区	法国
	波特劳伊斯陆港区	爱尔兰
	符拉迪沃斯托克陆港区	俄罗斯
	沃特福德陆港区	爱尔兰
	恩菲国际陆港区	澳大利亚
中距离国际陆港区（距离海港 500 千米左右）	奥斯威戈陆港区	美国
	布法罗陆港区	美国
	布拉迪斯拉发陆港区	斯洛伐克
	杜伊斯堡陆港区	德国
	马德里陆港区	西班牙
远距离国际陆港区（距离海港 800 千米以上）	芝加哥陆港区	美国
	堪萨斯陆港区	美国
	圣路易斯陆港区	美国

一、美国芝加哥陆港区

芝加哥作为一个内陆城市，凭借陆港区的打造，成功开拓了国际视野，成为国际都市；同时，芝加哥陆港区也是美国最大的陆港区之一，把"不靠海、不沿边也能发展"作为其核心理念，专注于地产、铁路、道路、港口等相关物流基础设施建设及运营，以至于芝加哥城一路领跑成为美国工业重镇，是现代陆港区建设发展的典型。

从发展历程上看，芝加哥陆港区的建设发展经历了长期而复杂的探索过程。

（1）物流系统的兴建与完善是芝加哥陆港区走向成熟的第一步。首先，毗邻五大湖的芝加哥陆港区，便利的水上交通是其快速发展的重要基石。自1817年起，历时31年，连接了芝加哥与伊利河的伊利运河，经过多番长期周折，于1848年竣工，总长约155千米。除此之外，芝加哥陆港区另一条重要航道是于1959年全面竣工的圣劳伦斯航道。该航道全长约15300千米，是世界上深入内陆最长的航道，是北美洲的格雷特湖、美洲五大湖水系和圣劳伦斯水系通航河道的总称。芝加哥陆港区可取道圣劳伦斯内河航道直达欧洲，向国际陆港区迈开了第一步。

其次，芝加哥陆港区是内陆型物流中心，是公路、铁路、内河多式联运的物流中心，除了水运之外，公路和铁路运输也十分发达。1849年竣工的芝加哥第一条通往西部的铁路开通后，搭建起了芝加哥与纽约之间的桥梁。自此开始，共有12条干线公路和32条铁路线交会于此，连接美国各大城市，芝加哥成为全美的铁路枢纽和伊利诺伊州公路系统的中心。同时，世界上最繁忙的国际机场之一——奥黑尔国际机场也坐落在芝加哥。

就这样，芝加哥陆港区借助便利的交通系统成为美国甚至世界上最大的空运中心和铁路枢纽之一；同时，它也是全球第五大集装箱陆港区，被称为"美国的动脉"。

（2）完善的城市基础设施是建设芝加哥陆港区的核心竞争力之一。芝加哥人一直都有追求品质与活力的理念，他们力求城市美化，以此提升城市竞争力。为此，芝加哥在其基础设施建设上投入大量的人力、物力和财力。园林绿地系统规划、综合交通体系规划、城市街道系统规划、中央商务区规划等基础设施建设都是其打造城市竞争力的有效措施。这些城市基础设施规划和完善，一方面为陆港区功能的实现提供了物质基础；另一方面也能吸引更多的企业来投资，反哺城市建设，促进陆港区建设，助力陆港区发展。

（3）产业转型、招商引资是加速芝加哥陆港区发展的重要动力。从前的芝加哥以重工业产业为主，对芝加哥陆港区发展助力有限；而后，芝加哥政府通过实施税收优惠、解决土地等政策，助力了食品、印刷、金属加工等轻工业的发展。另外，芝加哥通过大力引进投资，在软件、生物制药等高新技术产业上的发展也异常迅猛。在发展新兴产业的同时，芝加哥也不忘对传统工业的转型升级，不断大力促进商业贸易、金融、旅游等第三产业的发展，将传统产业与新兴产业相互交融。经过发展，芝加哥成为美国的综合经济中心与贸易节点，通过产业转型及新兴产业的发展带动贸易发展，在芝加哥陆港区形成后，加速了陆港区发展，是其发展的重要动力。

（4）独木难支，协同发展是芝加哥陆港区快速发展的另一重要动力。与芝加哥陆港区协同合作的沿海港口是洛杉矶港与长滩港。这时，芝加哥完善的多式联运的物流系统，使其可以通过内陆水运与洛杉矶港、长滩港连接起来，形成公路—内河联运；还可以通过密西西比河以及五大湖区和周边的运河与邻国加拿大相连；更可以通过其完善的铁路、公路系统与各大城市相连。

从芝加哥陆港区的功能定位上看，芝加哥陆港区是一个多式联运的内陆型物流中心，主营业务包括多式联运货物拼装业务、分拨业务、仓储业务以及一些轻工业、制造业的原材料采购和产品的销售，可以为客户提供极其高效的国际贸易的全套服务。这些业务集中在陆港区系统内进行，一方面减少了交通场站与各分拨中心、仓库之间的交通出行，货运拥堵状况得到改善；另一方面协同了多种交通方式和分拨中心，增加了运输的方便性和灵活性，并且由以前单一的公路运输转变为更多地采用铁路运输和运河水运，这促使客户运输成本降低约25%。另外，将业务集中在陆港区园区内对环境也是友好的，决策者能够对环境问题进行更为集中的管理和监控，降低了环境问题的管理难度。此外，由于吸引了交通、物流、分拨、仓储等各个企业集中到同一个中心地带发展，因此为芝加哥创造了更多的就业机会，同时也会反哺芝加哥的城市建设，城市和陆港区相辅相成，实现在发展上的共赢。

二、美国堪萨斯陆港区

堪萨斯是密苏里州第二大城市，建设于1850年，1853年建成。20世纪后，堪萨斯城经济产业得到大力发展和转型，一度成为全美中西部的工商业中心。美国堪萨斯陆港区是公铁联运的内陆物流中心，港口代码是 KAN，自其成立后为当地经济贸易带来了新发展、新机遇。从堪萨斯陆港区的发展历程上看，其成功崛起同样包含着交通和经济两个方面的因素。

（1）在交通区位方面，堪萨斯位于美国中部，不仅处于美国西海岸和东海岸的中心位置，而且处于南北铁路线的中心位置，优越的地理位置造就了堪萨斯便利的交通。基于地理优势，共有五条重要铁路线途经堪萨斯，使其成为美国最大的铁路运输枢纽；堪萨斯也是三条州际高速公路的交会点；内河运输和航空运输也很发达。于是，美国堪萨斯陆港区可定义为公铁联运的内陆物流中心：从堪萨斯至沿海港口，采用铁路运输；从堪萨斯至内陆城区，采用公路运输。正是交通物流的发达孕育了堪萨斯陆港区的形成。

（2）在经济发展方面，堪萨斯在农业、食品工业、制造业、航天工业和电信业等方面的发展是十分成熟的，为其陆港区发展打下了坚实的基础。农业和制造业是其两大支柱产业。其中，农牧业发展方面，堪萨斯的农牧业生产总值在美国位列第七；制造业发展方面，在堪萨斯全境有4300家制造厂和加工厂。另外，堪萨斯的矿产资源也是非常丰富的，主要的矿产资源有石油、天然气、烟煤、锌、铅和白垩等。这些产业的快速发展要求和促进了堪萨斯进出口贸易的发展，直接推动了堪萨斯陆港区的建设和发展，目前堪萨斯已有10000

多英亩的自由贸易区（FTZ）。

从堪萨斯陆港区的功能定位上看，堪萨斯陆港区作为内陆物流中心，其主要构成包括分拨中心、仓储中心、第三方物流企业及制造业企业等部门。此外，堪萨斯陆港区还为货物运输专门设有通关检验的服务部门，为陆港区基础功能的建设奠定了基础。在运营上，作为一个经济系统，堪萨斯陆港区是非营利性的，其特征在于采取公私合营的运营方式，结合政府机制和企业支持，运用贸易数据的交换来提供货物实时位置和安全状态，助力陆港区的货物通关，以提高供应链的效率。总的来说，公私合营的运营方式突出了陆港区的运营功能。而且，随着处理货物量的增加，沿海港口洛杉矶港、长滩港日益拥堵，无力处理更多的货物，效率低下，堪萨斯陆港区应运而生，不仅缓解了海港物流运作的拥挤，降低了承运人、消费者的运输成本，同时还为内陆城市堪萨斯增加了就业岗位。

三、西班牙马德里陆港区

西班牙位于欧洲西南部伊比利亚半岛，西邻葡萄牙，东北与法国、安道尔接壤，北望比斯开湾，南隔直布罗陀海峡与非洲的摩洛哥相望，东面和东南面濒临地中海，海岸线长约 7800 千米，其沿海沿边港口至少有 4 个。地势优越的西班牙，与海洋形成了无缝连接，海运也在西班牙成为运输的主力。而自 1980 年起，西班牙巴塞罗那港通过公路和铁路运输开展了密集的集装箱运输，加上进出口贸易的快速发展，西班牙各个海港出现了拥堵的情况。因此，西班牙发展陆港区势在必行，这样的趋势也在促使西班牙陆港区的发展日趋成熟。马德里陆港区是西班牙十分典型和成功的陆港区案例。

马德里作为西班牙的首都，其地势是最典型的内陆城市。而马德里陆港区却在贸易发展背景下逐渐形成了内陆物流中心集中地，在一系列陆港区功能完善后成为现在的陆港区典型。目前，马德里陆港区集中处理的海运货物占整个西班牙总量的 1/5。正是基于吸引了沿海港口的部分物流的背景，马德里陆港区发展得更加成熟完善，并形成了一定的运营模式，与沿海港口阿尔赫西提斯港、巴塞罗那港、瓦伦西亚港、毕尔巴鄂港等协同合作，把沿海港口的部分物流业务转移到内陆港区执行，有效地缓解了沿海港口的拥堵情况。

在交通运输方面，马德里交通便利，陆路、空中及地下交通运输四通八达。马德里城市内部，六条高速公路干线延伸到全国各地，与国内 20 多个城市有航线，构成了一个密集的运输网，是欧洲交通运输网最完整和发达的城市之一。市内的 13 条地铁主线及支线全长 293 多千米，地铁里程数在欧洲仅次于伦敦，名列世界第五；公交线路总长度也居于欧洲各城市之首。正是因其物流设施较多，为陆港区建设提供了基础条件。另外，马德里作为西班牙的首都，同样是西班牙重要的交通枢纽。马德里向南可通过直布罗陀海峡抵达非洲，向北可以越过比利牛斯山直接抵达欧洲腹地；同时，有多条铁路经过马德里，并且有连接法国和葡萄牙的国际铁路。马德里的巴拉哈斯机场为全国最大的国际航空港。正是依托于公路、铁路以及航空等物流运输，形成多式联运网络，使集装箱货运效率大大提高，从而使西班牙马德里能够突破内陆的地域限制，形成和发展起陆港区。

从经济条件上看，马德里作为西班牙的中央经济区，是一个综合性的经济中心，产业涉及农业原料、纺织、食品、畜牧业、飞机、汽车、机器设备、光学仪器、电子、电气器材、化学、塑料、军火工业，这就为马德里陆港区建设和发展提供了产业物质基础。同时，产业的新兴和发展使商业物流不断增长，多式联运系统应运而生，而海铁联运的发展则促使马德里陆港区的形成，马德里陆港区是欧盟第一个内陆海关区域。此外，马德里还是金融和商业中心，不断地为马德里陆港区发展注入资金和活力。

从马德里陆港区的功能定位上说，马德里陆港区是西班牙主要港口的内陆延伸，它通过铁路运输接收和分发沿海港口以及世界其他港口的货物。作为一个无水港，马德里陆港区是海关监管活动的枢纽，能够执行完整的海关流程，它已是西班牙乃至世界顶尖的分发货物的门户。马德里陆港区由海关局和税务局共同管辖，采用的是与传统沿海港口相同的海关和税务管制方式。此外，马德里陆港区还采用信息平台的运营模式，利用互联网平台来简化操作员的指令，提高在海关处报关的机动性，这种新的运营模式在很大程度上为贸易物流提供了便利，促进了国际贸易的发展。

四、澳大利亚恩菲国际陆港区

澳大利亚恩菲陆港区由于官僚主义和各种政策的影响，以及民众的支持度较低等原因，发展得并不顺利，没有取得预期效果，具体原因如下：现存的铁路运输网络包含客运和货运，客运占据了主导地位，并具有优先权。在这种既含客运又含货运的铁路运输网络中，货运只允许在上午6点至9点和下午3点至7点这两个时间段内执行。

由于悉尼港和公路交通非常拥挤，开辟铁路货运专用线显得很必需，这需要巨额投资。然而，由于强大的公路团体协会反对铁路运输和多式联运的发展，政府参与度低，最终政府没有对铁路运输业提供直接的补贴。就民众的支持度来讲，由于恩菲内陆陆港区坐落于都市区，而当地居民想要的是公园而不是交通场所，担心内陆港区建成后造成当地的交通拥堵；此外，恩菲陆港区距离沿海港口悉尼很近，而多式联运枢纽离城市区域越近，需求也越大，在环境方面付出的代价也会越高，因此民众并不支持。

第二节　国内陆港区发展现状

我国经济体制的不断完善和发展为经贸发展提供了良好的环境，我国陆港区也因此拥有了一个丰富的成长阶段。1999 年，北京陆港区国际物流有限公司正式成立。自此，我国陆港区建设逐渐铺开，并不断发展。我国主要国际陆港区详见表 2 - 2。通常，陆港区建设是一个漫长的过程，要历经几个阶段，从规划建设到投入运营常常需要几年时间。在我国陆港区不断发展建设的过程中，陆港区的设立并不是集中统一的，以下选取了其中几个典型代表，对其发展情况进行归纳梳理。

表 2 - 2　国内主要国际陆港区及分类

按位置进行分类	国际陆港区名称	国际陆港区所属省份
近距离国际陆港区 （距离海港 100 千米以内）	朝阳陆港区	北京市
	平谷陆港区	北京市
	大连陆港区	辽宁省
	义乌国际陆港区	浙江省
中距离国际陆港区 （距离海港 500 千米左右）	郑州国际陆港区	河南省
	长春国际陆港区	吉林省
	邯郸国际陆港区	河北省
	昆明国际陆港区	云南省
	淄博国际陆港区	山东省
远距离国际陆港区 （距离海港 800 千米以上）	西安国际陆港区	陕西省
	惠农国际陆港区	宁夏回族自治区
	兰州国际陆港区	甘肃省

一、北京朝阳陆港区

北京朝阳陆港区在 1994 年 10 月被批准开放，是我国最早开通运营的陆港区，是基于内陆口岸建设的陆港区。其依托朝阳口岸的开放优势与国际贸易运输，创新转关运输模式，提高通关效率，并广泛拓展现代物流服务。于是，在功能需求下，朝阳口岸逐渐形成了朝阳陆港区，实现朝阳口岸向口岸型综合物流中心的转型。

北京朝阳陆港区从初建发展至今，大致经历了三个阶段，现将其发展进程归纳梳理如下：

（一）第一阶段：依朝阳口岸开放，打造朝阳陆港区之基

1994 年 11 月，作为朝阳陆港区的前身，主要由北京陆港区国际物流有限公司经营的朝阳口岸正式开放，性质上属于二类内陆口岸，位于朝阳区十八里店的京津塘高速公路与东四环路交会处，占地约 1100 亩，地理优势及区位优势明显。朝阳口岸通过高速公路和铁路对接天津港、京唐港、秦皇岛港，是唯一承担北京市海运贸易集装箱货物进出口的口岸。

最初，朝阳口岸探索京津口岸直通的新通关模式，即依托京津塘高速路，利用其两端均有海关监管及道路全封闭的优势，对天津至北京的转关货物进行直通式运输，把更换海运提单手续移至朝阳口岸，以此突破传统的货物转关运输模式，打造属于北京市自己的出海口，优化了北京对外贸易的发展。

1994 年 10 月，京津海关联合下发《京津塘高速公路"口岸直通式"监管模式实施方案》，首次通过电子联网传输转关信息，提高通关工作效率。1995年 11 月，京津海关合作开通口岸直通，货物由京津两关统一审批的海关监管车队承运。虽然因其他难题导致新模式无法很好运转，但是新模式一方面为朝阳陆港区的发展奠定了很好的基础，另一方面实现转关数据电子联网传输，为加大转关承运企业责任、传输转关信息提供了新的思路。

（二）第二阶段：朝阳陆港区初成立，试行区域通关新模式

事实上，朝阳口岸的通关模式已经具有相关的港口功能，但在前期探索的基础上，经过近 7 年的探索和创新及国家政策推动，正式启动了跨关区的大通关模式。2002 年 10 月，京津相关部门签订《北京朝阳陆港区口岸与天津海港口岸直通协议》，正式启动朝阳口岸—天津港直通，标志着具有陆港区性质的朝阳陆港区口岸成立，属国内首例。基于直通功能的实现，国内许多城市区域

跃跃欲试，利用陆港区优势，推动当地经贸发展。

随着报关、放行等通关效率的提升，需求进一步形成。基于口岸直通，自2005年12月开始，朝阳陆港区推行"属地申报、口岸验放"区域通关模式，从两次报关、两次放行转变为一次报关、一次放行，使企业在陆港区便可一次性办结所有通关手续，通关效率不断提升。另外，配合使用网上担保、先放后税等便捷措施，进一步提高通关效率。例如，相较转关模式，进出口结关时间提前约7天，通关费用降低300~500元/标准箱。自此，北京朝阳陆港区正式形成，高效的转关、通关模式功能也不断完善。

（三）第三阶段：陆港区功能渐完善，物流服务显提升

朝阳陆港区的形成，只是陆港区建设的第一步，也是从口岸向陆港区发展的过渡。在形成了陆港区之后，陆港区服务功能也随之不断展开。朝阳陆港区最终的转型目标是口岸型综合物流中心。

随着陆港区的建设发展，陆港区的功能也在不断展开完善。2002年10月，朝阳口岸—天津港直通的同时，也启动朝阳陆港区的集装箱堆场，这也是当时北京唯一的海运内陆进出口货物集散地，与天津港协作实现公海联运。2003年3月，启用了朝阳陆港区的集装箱中转站，开展集装箱拆装箱、维修、还箱等业务，并于同年8月正式开通京津陆海联运业务，从而具备换单、理货、提货等港口功能，还能够直接签发全程多式联运提单，使北京可以作为起运港（或终点港）进行陆海联运。这些功能的完善，使朝阳陆港区不断吸引着东方海外、阳明海运、马士基、宏海和亿通等著名船运公司的入驻。

在各项功能建设的同时，朝阳陆港区还在积极拓展口岸物流服务。由于朝阳陆港区的主要业务是进出口，北京市依托朝阳陆港区口岸在周边扩增5倍土地建设联通陆海的北京物流港，发展现代物流服务，现有北京陆港区国际物流有限公司、北京环球物流保险公司、北京互联网中心等企业入驻。不仅如此，为增强朝阳陆港区的辐射能力，北京市正在将朝阳陆港区逐步外移至通州马驹

桥物流基地。《北京市"十二五"时期口岸发展规划》（以下简称《规划》）中指出，"在通州马驹桥物流基地合理规划口岸功能区及配套功能区，依法、合理、适当超前建设口岸基础设施、综合业务用房和口岸电子信息服务平台"。朝阳陆港区将结合亦庄保税物流中心，进一步做大物流节点效应与国际贸易。《规划》同时指出"区域合作赋予公路口岸新内涵"，明确强调"公路口岸是北京重要的海运进出口通道，打造国际商贸中心需要北京借助津冀沿海资源建设内陆的'无水港'"。朝阳陆港区将着眼于建设大口岸，加速形成区域合作与优势资源互补性更强的对外经贸格局。

总结朝阳陆港区系统的形成经验如下：鉴于朝阳陆港区主要围绕进出口业务，为了发展现代物流服务，北京市在陆港区地理范围内不断开拓。同时，相关物流企业纷纷入驻，相关管理服务部门不断完善。物流服务部门的进驻使朝阳陆港区成为集装箱多式联运系统的一部分。

二、西安陆港区

2008 年 6 月正式建成的西安陆港区是能够实现与沿海港口及口岸无缝连接的物流节点，位于西安市东北部，目前以全新的"国际内陆港区"模式实现海铁联运功能，目标为建设成为中国第一个不沿江、不沿海、不沿边的国际陆港区。西安国际陆港区是伴随综合保税区、公路及铁路集装箱中转站工程项目而成立的，与天津港、大连港等周边港口形成物流网络的合作关系。目前，西安陆港区正在迅速扩张，提升了自身综合实力，促进其尽快成为国际中转型枢纽。

1. 政策支持，推动西安陆港区建设发展

2005 年，西安市与上海市签订了合作建设西安国际陆港区的协议。2015年 3 月，国家出台了《推动共建丝绸之路经济带和 21 世纪海上丝绸之路的愿景与行动》，明确支持西安国际陆港区的建设，并加强国际陆港区与海港、沿边口岸在通关方面的合作，开展跨境贸易电子商务服务试点。2018 年 4 月，西安国际港务区发布了《西安国际港务区"十三五"经济和社会发展规划纲要》（以下简称《纲要》）。《纲要》中指出，西安国际港务区将加快建设国际内陆枢纽港，推动产业升级，深化产城融合，推动西安建设内陆改革开放的新高地。

2. 内陆交通网络建设，建设西安陆港区基础

依托四通八达的交通运输网络，西安国际陆港区已成为公铁联运、海铁联运的综合性中转物流基地。在公路运输方面，西安国际陆港区交通便利，区位优势明显，与绕城高速公路和城市三环路相连，核心区距西安市新行政中心 5 千米，距西安咸阳国际机场 28 千米，窑村机场就位于国际港务区内，通往园区的西安绕城高速公路与京昆高速、连霍高速、沪陕高速、包茂高速等全国高速公路网紧密相连，形成"米"字形高速公路网络，从而使国际陆港区与各大城市紧密相连。公路运输是连接铁路、海运等各种运输方式的桥梁，服务于国际物流。

在铁路运输方面，西安陆港区的铁路集装箱中心站于 2010 年 12 月正式开通运营，坐落于西安铁路枢纽北环线新筑车站南侧，是西北地区最大的铁路集装箱枢纽中心，也是新亚欧大陆桥在中国西部的重要节点。目前，西安国际陆港区已开通并常态化运营多条国际货运班列，包括西安至德国（汉堡、杜伊斯堡）、波兰（华沙、马拉舍维奇）、芬兰（科沃拉）、匈牙利（布达佩斯）、俄罗斯（莫斯科）和中亚五国等。中欧班列（长安号）可到达欧洲 5 个国家20 余个城市以及中亚五国的 44 个城市和站点，并通过境外物流集散中心以及与境外物流公司合资合作实现了对欧洲地区、中亚地区的全覆盖。

在海运方面，"五定班列"在西安陆港区集装箱运输功能中具有独特的战略优势，它的开设实现了西安与青岛港、大连港、连云港港、日照港的联通。随着西安国际陆港区的快速发展，其还与国内其他沿海港口进行战略合作，加

快推进海铁联运，常规运营有西安至青岛、天津、日照、宁波、厦门、广州、深圳的国内快速班列，并实现了"港口后移、就地办单、海铁联运、无缝对接"的功能，实现了进出口货物"一票通关、快速放行"。与海港之间的密切合作，促使双方加强沟通，不断提高货物的通关效率，简化操作流程，吸引更多的货源通过西安国际陆港区进行中转运输。

3. 配套功能设施完善，加速陆港区发展

西安铁路集装箱中心站、西安公路港和西安综合保税区是西安国际陆港区的三大支撑平台。西安国际陆港区以西安铁路集装箱中心站、西安公路港为依托，是沿海国际港口多种港务功能在西安的延伸，搭建起与上海、天津、青岛、宁波等沿海港口以及新疆阿拉山口口岸的互动平台。其通过中亚、中欧班列连通欧亚腹地城市，通过公路运输网络吸纳周边城市货源的集散，通过综合保税区实现"港口内移、就地办单、多式联运、无缝对接"的内陆港区功能。

西安国际陆港区形成了八大功能分区，具有陆港区内完善的物流、口岸和商贸功能。同时，西安国际陆港区还积极引进配套服务机构入驻，包括海关、检验检疫、信息技术公司、银行、保险、货代、租赁公司等，使国际陆港区具备了保税物流、多式联运、全球采购、结算、报关报检、物流信息平台及商品展销等多种功能。

4. 承接转移产业，做强国际陆港区

在中西部地区承接产业转移的背景下，西安国际陆港区凭借便利的通关环境和较低的物流成本，增强承接产业转移的吸引力，加强沿海产业向西部地区转移，现已基本形成商贸物流、电子商务、新金融、文化体育、临港经济五大主导产业集群。一是以美国安博、华南城、西部出版物交易中心、招商局物流为代表的商贸物流产业集群；二是以阿里巴巴一达通、京东集团、苏宁、国美在线、卡行天下等为代表的电子商务产业集群；三是以中民投、关天国际、陕西金控等为代表的新金融产业集群；四是以华润、绿城、万科、国家广告产业园等为代表的文化体育健康产业集群；五是以日本通运、塔塔特钢、安博物流、中粮为代表的临港经济产业集群。

三、郑州陆港区

河南地处中原核心区域，经济、文化、政治、交通等方面在我国处于重要地位，并且具有特殊的战略意义。而郑州作为河南的省会城市，在建设国际陆港区，促进"一带一路"建设，进而促进中原地区的经济发展上有绝对的优势。

郑州国际陆港区园区共占地5.78平方千米，主体园区位于郑州市经开区华夏大道与经北四路交叉口，已投入使用多式联运集疏中心（占地260亩）、郑欧班列综合服务中心、多式联运海关监管中心、郑欧进口商品展示体验中心、跨境电商仓储物流中心、亚欧国际冷链物流集疏中心、汽车整车进口口岸等。另外，占地142亩的汽车口岸二期工程检测线已经投用。占地150亩的保税物流中心正在积极申建。基础设施的不断完善，以及配套及衍生产品不断为郑欧班列"添砖加瓦"。围绕"买全球，卖全球"的主题，郑州陆港区不断提升物流服务供给水平，国际物流中心建设呈现出良好的发展态势。

1. 国内国际交通集疏网络初具规模

郑州已成为国内陆路交通网络枢纽中心。郑州处于国家"两横三纵"城市化战略格局中陆桥通道和京哈、京广通道的交会处，高速公路网络四通八达，又是全国的铁路"心脏"，在连接东西、贯通南北中发挥着交通枢纽作用。郑州处于中国内陆腹地，交通便利，发展成为国内陆路交通及商品的集疏网络中心，郑州的国际航空货运集疏网络逐步形成。新郑国际机场频繁加密国内国际航线，从事专业航空货运运营的公司有21家，开通航线达30多条，横跨欧洲、亚洲、美洲三大经济区域，覆盖全球主要经济体的枢纽网络布局基本形成。

郑州国际铁路货运集疏网络中心的构建也初具规模。郑欧班列的主体运行线路为中国—欧洲，全长 1 万多千米，贯穿"丝绸之路经济带"沿线，全程平均运行时间目前为 12～14 天，比海运节约 30～45 天。自 2013 年开通以来，郑欧班列开行班次逐步加密，现已实现每周"八去六回"的常态化运管。截至 2019 年 8 月，郑欧班列增至"七个站点、六个口岸"，途经路线覆盖中亚、俄罗斯以及欧盟地区的 20 多个国家 120 多个城市，基本构建了河南连通欧洲、中亚和东盟及亚太（日韩等）的国际物流大通道。

另外，随着"一带一路"建设进程的不断推进，国际经贸合作日益密切，为了满足国际物流服务的需求，郑欧班列向东与沿海港口对接，并通过空运与韩国、日本、中国台湾、中国香港等亚太国家和地区实现空铁、海铁联运，在境外向西以哈萨克斯坦阿拉木图、蒙古国扎门乌德等辐射亚洲周边国家，以汉堡、慕尼黑为枢纽，以巴黎、米兰、布拉格、华沙以及沿途换装车站点的波兰马拉舍维奇、白俄布列斯特等欧洲国家为二级集疏中心，中途上下货常态开展，并持续实现多点密布。至此，郑州逐步形成了辐射东中西、连通境内外的国际物流通道网络。

2. 积极推进物流服务平台建设

首先，积极打造数字班列。郑州国际陆港区公司积极走"科技强企"战略，目前拥有一支 300 余人的技术团队，用科技"武装"郑欧班列。比如，目前自主开发的中欧多式联运综合服务信息平台支持中、德、俄、英四种语言版本同时在线并自动转换，实现了郑欧班列在线订舱、跟踪等服务。另外，公司还开发有车载 GPS 系统、企业园区智能化管理系统等，相继建设了防伪溯源中心、云数据中心以及园区无人驾驶系列装备，初步建成郑州国际陆港区自成体系的网络科技信息平台，在全国中欧班列中率先实现了"数字班列"并广泛应用于物流贸易领域，在很大程度上为贸易物流提供了便利，促进了国际贸易的发展。

其次，积极打造口岸体系。郑州国际陆港区口岸平台功能效应日益完备。

依托郑欧班列国际通道，带动进口汽车、粮食、肉类、邮政等功能性口岸相继落户郑州陆港区，相继进口了来自欧洲的汽车、牛肉等，为国内老百姓的衣食住行等方面带来了巨大的变化，不断满足人民对美好生活的向往。郑州已经成为全国重要的进口现货产品集散地和功能性口岸数量最多的内陆城市。除此之外，郑州国际陆港区公司与"一带一路"沿线国家 300 多家制造商、贸易商建立直接合作关系，通过直采、直运、全程冷链溯源方式推出了"郑欧进口商品"品牌，并通过线上（班列购）线下（加盟店、代理商）的形式，以郑州为中心，辐射河南各地市并快速向周边省份辐射，改变了过去进口商品销售路径从沿海向内陆的传统格局，推动郑州及周边城市的经济发展。

3. 产业集聚效应显著，打造"中国符号"

2019 年 3 月 2 日，郑欧班列首条跨境电商专线开通运营，在升级了陆港区公司"运贸一体化"战略，丰富了郑欧班列陆上丝绸之路建设内涵的同时，也使郑欧班列在境内的合作伙伴达到 4100 多家，境外合作伙伴达到 800 家，也为郑州国际陆港区建设打造了包括商贸物流、汽车、互联网等在内的一批产业集群。铁路方面包括德铁、俄罗斯铁路、白俄罗斯铁路、哈铁、波兰铁路等；物流方面包括 DHL、UPS、FedEx、泛亚班拿、中国远洋、中铁快运、中国邮政、中海等；港口方面包括汉堡港、列日港、青岛港、连云港港、天津港等；服务品牌包括大众、保时捷、路虎、奔驰、宝马、宇通、联想、上汽、思念、神马等；贸易方面包括欧惠特、斯纳格、克雷斯顿、乐优瑞、雷司令、百老客、涞依等。

在国家推进"一带一路"建设背景下，郑州国际陆港区认真贯彻落实习近平总书记"连通境内外，辐射东中西"的重要指示，积极推动以郑欧班列为核心的郑州陆港区建设，将郑欧班列打造成为河南省乃至中国的一张亮丽名片，正如提起中国就会想到茶叶、瓷器、丝绸，希望把郑欧班列打造成为提到中国就想起的中国新型"符号"。

第三节　国内外陆港区发展的经验借鉴

一、陆港区城市自身具备良好的外向型经济基础，以及腹地经济快速发展带来的充足外贸货源，是国际陆港区发展的前提条件

通过分析国内外典型案例发现，经济基础良好、发展快和贸易需求大是刺激陆港区形成的根本原因。例如，国外的芝加哥及其腹地的产业带动贸易的发展；国内的北京和国外的马德里作为政治经济中心，在经济快速发展的同时带动外贸发展。这就要求当地物流服务积极改善提升，确保运输成本低、运输快捷方便以及运输安全可靠等，而陆港区的出现正好能够满足当下新环境的新要求。因此，经济贸易的快速发展促成了陆港区的建立。另外，陆港区也只有基于经济贸易的坚实基础，才能够积极发挥其港口作用、获得良好的经济和社会效益。并且，陆港区在快速发展的同时，也会反哺陆港区城市的发展，促使陆港区城市产业结构升级、交通运输效率提升以及增强陆港区及周边城市居民的幸福感。

二、政府和社会公众的支持，以及彼此之间的协调一致，是陆港区发展的行政保障和社会基础

从国内外陆港区建设的典型案例来看，政府、社会团体和民众的支持对陆港区的成功建设运营至关重要，尤其从澳大利亚恩菲陆港区的失败以及国内陆港区的快速发展中可以得到证实。首先，政府需要出台政策刺激推动陆港区发展，以政策红利吸引各大企业来陆港区设立分公司等，形成产业集群，坐实良好的经济基础；其次，还需要政府出面确定其总体发展方向和战略，规范管理体制，监督行业管制，并且颁布相关的政策、法律、法规进行指导和约束；最后，陆港区的健康发展还离不开社会团体和民众的支持，这就要求政府、社会团体及民众之间进行协调沟通，也就要求在陆港区建设过程中做到信息透明化，即政府对于发展陆港区的设想及其优点、缺点都要毫无保留地让公众知情，而社会公众对陆港区建设的支持与反对及好处与弊端也应该与政府沟通，做到彼此信息对称。如此最终能达成一致，此陆港区项目建设才是可行的。

三、构建完善的综合交通运输设施条件，并以经济、高效的方式实现集装箱多式联运，是陆港区发展的生命线

交通区位优势是陆港区发展的必备条件。一般来说，陆港区多处于地理中心（铁路枢纽、高速公路交会点、空港所在地、水路流经区域等），综合前述案例，例如，堪萨斯陆港区位于美国东、北海岸以及南北铁路的中心；芝加哥陆港区毗邻五大湖，以此为基础修建交通系统；西安陆港区被高速环绕；郑州陆港区处于国家"两横三纵"城市化战略格局中陆桥通道和京哈、京广通道的交会处，高速公路网络四通八达，又是全国的铁路"心脏"；还有北京朝阳陆港区、西班牙马德里陆港区等，它们都具有地理位置优越、交通便利的特点。优越的交通区位环境是提供便捷高效、无缝衔接的多式联运的基础，在促进多式联运的同时，也能促进与沿海港口以及沿边口岸的合作，形成物流网络，大大降低货物进出口的通关效率。除了交通区位条件以外，良好的交通基础设施是确保低运输成本的要素。只有具备良好的交通区位、交通基础设施，陆港区才能健康、高效地运营，实现具有规模经济、降低物流成本、方便货物进出口的愿景，以及为客户提供经济、高效的物流、海关等服务的建立初衷。

四、以市场需求为导向，因地制宜设置陆港区功能，做好运营管理和服务，是内陆陆港区发展的内在决定因素

在陆港区的功能定位上，国外陆港区都基本上配备了与沿海港口相同的功能，陆港区不仅是一个集装箱多式联运的物流中心，具有保管、存储、转运、集散货物的功能，还具备了对货物进行检查、检疫、报关的海关的基本功能。在运营管理上，协同合作被应用得淋漓尽致，通过分析国外的经典案例得出，国外陆港区除了协同多种交通方式形成多式联运的物流体系外，还协同了相关的沿海港口、分拨中心、运输公司，以增加承运人的灵活度。在组织管理上，陆港区多采取非营利性经济组织的形式，实行公私合营，并由海关局和税务局共同管辖。而国内的陆港区建设才刚刚起步，大多是根据国外典型陆港区的建设进行模仿，功能定位不完善、运营模式比较单一、组织管理主要由政府主导为主。国内陆港区的功能定位主要是内陆地区助力沿海港口集装箱集散、货物通关及报关报检等货运站口岸功能，并能衔接海运与公路、铁路等运输通道的物流节点。

除了以上最主要的经验可以借鉴之外，还有一些陆港区建设细节的经验值得我们学习。比如，陆港区相关的互联网平台建设，利用互联网平台来简化操作员的指令，提高在海关处报关的机动性，这种运营模式在很大程度上为贸易物流提供了便利，促进了国际贸易的发展。

第三章 乌鲁木齐国际陆港区发展现状

乌鲁木齐国际陆港区（以下简称陆港区）依托其独特的综合优势，在推进"丝绸之路经济带"核心区建设中承担着特殊使命，历经近十年的调整和发展，取得了重大进展和显著成效，但也面临一些问题和困难。加快构建陆港区高质量建设发展体系，需要对其建设发展的基础意义、历史沿革、做法成效、问题困难进行全面、深入的梳理和分析，以此继往开来、综合施策。

第一节 乌鲁木齐国际陆港区建设的优势和基础

深入分析陆港区建设的优势和基础，是科学谋划陆港区高质量建设发展策略，特别是研究构建陆港区综合评价体系的重要前提。

一、陆港区建设的独特优势

乌鲁木齐市位于天山北麓，准噶尔盆地南端，环山带水，沃野广袤，是西域著名的"耕凿弦诵之产、歌舞游冶之地"。"乌鲁木齐"的准噶尔蒙古语意为"优美的牧场"。作为"丝绸之路经济带"核心区的中心区,乌鲁木齐市特殊的区位优势、人文优势和资源优势为陆港区的建设发展提供了有力支撑和坚实基础。

1. 国际开放区位优势明显

乌鲁木齐地处亚欧大陆中心,是丝绸之路经济带核心节点城市和连通亚欧两大经济圈的重要枢纽节点,具有贯通丝路、连接亚欧的地缘优势。其作为中国向西开放的门户城市、西北地区重要的中心城市和新疆的政治经济文化中心,是中欧班列集结中心建设示范城市、跨境电商综合试验城市,拥有两个国家级经济(高新技术)开发、乌鲁木齐综合保税区、航空口岸、铁路临时开放口岸等一系列对外开放窗口。乌鲁木齐国际机场对接欧亚各国空港节点和"一带一路"西向通道集结中心,"东联西出、西引东进"的纽带、门户双重特征和叠加优势十分明显。全国每年有75%以上的中欧班列由此经口岸出境。2019年,陆港区自行组织开行中欧(中亚)班列1102列,同比增长10%。乌鲁木齐国际机场完成游客吞吐量2300多万人次,远远超过2000万人次的设计能力,在全国枢纽机场中一直排名前十;完成货邮吞吐量17.28万余吨,排名全国第21名,同比增长9.6%,增速在全国货邮吞吐量前25名的机场中排名第7位,全货机进出港占比接近10%。

2. 国际经贸合作前景广阔

乌鲁木齐具备联通国际、国内两大市场的区位优势,是国家确定的陆港区型、空港型和商贸服务型"三型叠加"的国家物流枢纽承载城市。乌鲁木齐与"一带一路"沿线国家经济互补性较强,沿线国家特别是周边国家丰富的能源矿产和农业资源为产业发展提供了有力支撑,开展国际经贸与产业合作前景广阔。2019年,乌鲁木齐市国民生产总值实现3450.1亿元,在全国大陆地区343个城市中排名第69位,占全新疆的25.37%,其中工业增加值731.78亿元;外贸进出口总额达到512.64亿元,占全新疆外贸进出口总额的31.2%。

3. 人文环境悠久厚重

乌鲁木齐历史悠久，是古"丝绸之路"的必经之路和重要节点。公元前一世纪，西汉政府设立的西域都护府曾置戊己校尉在这一带屯田。公元640年，唐朝政府在乌鲁木齐东北设北庭大都护府。公元1755年，清政府在现乌鲁木齐九家湾明故城筑垒驻兵，并将此地正式定名为乌鲁木齐，公元1763年改名为迪化。公元1884年，新疆建置行省，乌鲁木齐定为省会，升为迪化府。当时，这座新兴的草原边城堪称"塞外江南"，呈现了"万家烟火暖云蒸，销尽天山太古冰"的繁荣景象。清代林则徐、纪晓岚、洪亮吉、刘鹗、肖雄等著名的政治家、文人曾先后在乌鲁木齐居住或逗留过，并留下了许多脍炙人口的诗章。1949年9月25日，新疆宣告和平解放。1954年，中央政府改迪化为乌鲁木齐，恢复了其原来的美称。从此，边城乌鲁木齐市获得了新生。

4. 旅游资源丰富独特

乌鲁木齐作为世界"四大文明"的汇集之地，各民族的文化艺术、风情习俗构成了具有民族特色的旅游人文景观，是新疆乃至全国重要的旅游集散地和目的地。天山山脉分布着高山冰雪景观、山地森林景观、草原景观，为游客观光、探险提供了丰富的内容，新疆国际大巴扎等带有浓郁新疆民俗风情的景区景点享誉国内外。丝绸之路冰雪风情游、丝绸之路服装服饰节等带有丝绸之路文化特色的节庆会展活动已成为乌鲁木齐特有的城市名片。2019年，新疆旅游呈"井喷"式增长，其中乌鲁木齐接待游客7511.5万人次，同比增长49.5%，占新疆游客人数的35.9%以上，实现旅游总收入1134.5亿元，同比增长63.5%，占新疆旅游总收入的32.8%。

综合以上判断，乌鲁木齐市具有打造国际化、现代化、特色化、开放型城市的基础，为陆港区高质量建设奠定了坚实基础。

二、陆港区建设发展的战略基础

综观国内外陆港区建设发展的成功案例，无一不是依托国家重大战略应运而生。乌鲁木齐国际陆港区也是伴随着国家西部大开发、构建全面开放新格局、加快推进"一带一路"建设等重大战略机遇加快建设起来的。牢牢把握陆港区建设发展的战略支撑是推进陆港区高质量建设发展的前提。

1. 共建"一带一路"，为陆港区建设明确了战略使命

2013 年，习近平总书记提出"一带一路"倡议以后，新疆维吾尔自治区党委、政府和乌鲁木齐市委、市政府及早谋划、主动对接，积极推进"丝绸之路经济带"核心区"五大中心"（交通枢纽中心、商贸物流中心、文化科教中心、医疗服务中心、区域金融中心）建设。2015 年 3 月，国家发展改革委、外交部、商务部联合发布的《推进丝绸之路经济带和 21 世纪海上丝绸之路的愿景与行动》明确提出，"发挥新疆独特的区位优势和向西开放的重要窗口作用，深化与中亚、南亚、西亚等国家的交流与合作，形成丝绸之路经济带上重要的交通枢纽中心、商贸物流中心和文化科教中心，打造丝绸之路经济带核心区"。2018 年 5 月，自治区党委九届五次全体会议作出"1 + 3 + 3 + 改革开放"工作部署，将"丝绸之路经济带"核心区建设作为全区三项重点之首；当年 11 月，自治区党委九届六次全体会议提出以"一港、两区、五大中心、口岸经济带"建设为抓手，全力推进核心区建设，并将乌鲁木齐国际陆港区作为核心区建设的标志性工程和商贸物流中心建设的旗舰项目。新使命催生新动力。这就要求陆港区建设应牢牢把握"一带一路"共商共建共享的理念，牢牢把握"五通"发展方向，加快基础设施及综合服务平台建设，构建服务产业迈向全球价值链中高端的国际供应链体系，推动国际国内产业要素集聚和资源优化配置，为现代产业发展赋能，成为推动核心区建设的重要载体和驱动引擎。在 2020 年 9 月 25 日第三次工作会议上，习近平总书记指出"要发挥新疆区位优势，以推进'丝绸之路经济带'核心区建设为驱动，把新疆自身的区域性开放战略纳入国家向西开放的总体布局中，丰富对外开放载体，提升对外开放层次，创新开放型经济体制，打造内陆开放和沿边开放的高地"，这为陆

港区的高质量发展指明了前进的方向。

2. 开创新时代全面开放新格局，为陆港区建设提供了战略支撑

党的十九大提出，要以"一带一路"建设为重点，坚持"引进来"和"走出去"并重，加强创新能力开放合作，推动形成全面开放新格局。乌鲁木齐作为新疆的政治、经济、文化中心，独特的区位优势，乌鲁木齐国际机场的特殊地位，以及综合保税区、跨境电商综合试验城市、中欧班列集结中心示范城市等诸多国家层面对外开放平台的综合效益，使其成为西北乃至全国具有国际枢纽、国际门户双重特征和叠加优势最为明显的省会城市之一。这为陆港区加快推进国际枢纽平台建设，着力构建覆盖全疆、联结国内、联通亚欧的国际陆港区体系，助力形成"陆海内外联动、东西双向互济"全面开放新格局，提供了重要的战略支撑。

3. 构建高质量现代经济发展体系，为陆港区建设提供了创新引领

党的十九大提出，我国经济已由高速增长阶段转向高质量发展阶段，正处在转变发展方式、优化经济结构、转换增长动力的攻关期。近年来，国家大力推进供给侧结构性改革，加快实现新旧动能转换，现代化经济体系加快形成。最近中组部、国家发展改革委、统计局等部委联合印发了《高质量发展综合评价指标体系》，为推进高质量发展提供了明确标准。乌鲁木齐经济发展总量在全新疆占据1/4以上，其高质量发展水平影响着全新疆的高质量发展水平。陆港区作为追求高质量发展的示范和引领，更需要充分利用两种资源、两个市场，通过扩大开放倒逼深化改革和制度创新，促进开放型经济高质量发展，在全面建设现代化经济体系方面大力探索、大有作为。

4. 加快形成国际国内双循环相互促进新格局，为陆港区建设提供了巨大空间

习近平总书记在2020年7月30日中共中央政治局会议上提出，当前我国经济形势复杂严峻，新冠肺炎疫情等带来的不稳定性、不确定性较大，遇

到的很多问题是中长期的，必须从持久战的角度加以认识，加快形成以国内大循环为主体、国内国际双循环相互促进的新发展格局。构建国内国际双循环相互促进的新发展格局，是中国经济高质量发展的内在需要，是全球经济再平衡的客观要求，要充分认识中国在全球产业链中虽然处于"世界工厂"地位，但附加值不够高、品牌效应不够强等短板，坚定不移走高质量发展之路，稳步实现从代工到研发、从模仿到创新、从"制造"到"智造"的转变，着眼全球资源和市场，更好地利用国内国际技术、人才、管理等各方面资源，全面提升国际竞争力。乌鲁木齐国际陆港区作为引领全市乃至全新疆国内国际双循环相互促进的重点平台，要坚定不移地执行《乌鲁木齐国际陆港区总体发展规划》秉持的高质量发展、高水平开放、推动国内国际双循环相互促进等新发展理念，通过构建、实施高质量发展综合评价体系，坚持发展方向，调整工作中偏差，始终确保陆港区沿着高质量、双循环的发展道路前行。

综上分析判断，陆港区建设发展既有乌鲁木齐乃至新疆独特优势的支撑，更有国家重大战略的支撑，为陆港区的加快建设发展注入了强大动力。

第二节　乌鲁木齐国际陆港区建设的主要历程和沿革

自 2010 年规划建设陆港区的前身——乌鲁木齐铁路国际物流园以来，陆港区在功能定位、规划面积、管理主体等方面经过了多次调整和优化。陆港区主要历史沿革见表 3 - 1。

表 3 - 1 乌鲁木齐国际陆港区主要历史沿革

发展历程	标志性事件	功能定位	规划面积	管理主体
乌鲁木齐铁路国际物流园	2010 年, 中央新疆工作座谈会	以国际物流为主	西站、北站等区域, 60 平方千米	区政府主导
乌鲁木齐国际物流枢纽基地	2013 年, 习近平总书记提出"一带一路"倡议	拓展到物流加工、综合服务等	规划面积拓展到了100 多平方千米	区政府主导
乌鲁木齐国际物流中心	2015 年, 乌鲁木齐保税区获批, 中欧班列乌鲁木齐集结中心启动建设	以中欧班列集结中心建设为主, 初步确立产城联动发展模式	规划面积拓展到120平方千米	市政府主导、建设领导小组统筹负责
乌鲁木齐国际陆港区	2016 年, 乌鲁木齐市批复成立乌鲁木齐国际陆港区; 2019 年, 自治区人民政府批复乌鲁木齐国际陆港区总体发展规划、三年行动计划	功能定位集中体现了"集货、建园、聚产业", 按照产城联动发展模式, 全面推进陆港区建设	以西站、北站片区为核心, 涵盖八钢铁路场站区、集装箱中心站、综合保税区等, 面积由 120平方千米调整到 67平方千米	形成了自治区政府主导、自治区部门参与、乌鲁木齐陆港区建设委员会具体落实的管理体制

一、功能地位的调整优化

1. 乌鲁木齐铁路国际物流园

2010 年, 以中央新疆工作座谈会为标志性事件, 为认真贯彻党中央有关文件精神, 加快打造中国向西开放的"桥头堡", 推动新疆跨越式发展, 乌鲁木齐围绕乌鲁木齐西站、乌鲁木齐北站等区域, 提出规划建设乌鲁木齐铁路国际物流园。物流园主要以发展国际物流产业为主。

2. 乌鲁木齐国际物流枢纽基地

2013 年, 以习近平总书记提出"一带一路"倡议为标志性事件, 为充分发挥乌鲁木齐在"丝绸之路经济带"建设中的重要作用,乌鲁木齐在乌鲁木齐铁路国际物流园的基础上,对其扩能升级,将国际物流园调整为乌鲁木齐国际物流枢纽基地。物流园到物流枢纽基地的转变,进一步拓展了基地物流、生产加工、综合服务等功能。

3. 乌鲁木齐国际物流中心

2015年,以乌鲁木齐综合保税区获批和启动中欧班列(新疆)集结中心建设为标志性事件,乌鲁木齐将乌鲁木齐国际物流枢纽基地调整为乌鲁木齐国际物流中心。基地到中心的转变,更加聚焦了服务中欧班列大局,加快建设中欧班列乌鲁木齐中心的主体功能。

4. 乌鲁木齐国际陆港区

2016年,为学习借鉴国内外陆港区建设经验,以乌鲁木齐市委和乌鲁木齐市国际物流中心建设领导小组正式批复乌鲁木齐陆港区为标志性事件,乌鲁木齐国际物流中心正式更名为乌鲁木齐国际陆港区,陆港区涵盖北站片区、八钢铁路场站区、集装箱中心站、高铁片区、综合保税区等产城联动发展区域。2018年,乌鲁木齐市委、市政府经过对陆港区的深入调研,提出加快乌鲁木齐国际陆港区建设,对产城联动发展区域进行了重大调整。2018年7月、11月,自治区党委召开九届五次、六次全体会议,提出以"一港(乌鲁木齐国际陆港区)、两区、五大中心、口岸经济带"为"丝绸之路经济带"核心区建设主要抓手,将乌鲁木齐国际陆港区建设列为"丝绸之路经济带"核心区标志性工程。当年12月29日,以新疆维吾尔自治区人民政府正式批复《乌鲁木齐国际陆港区总体发展规划(2018—2035年)》(新政函〔2018〕345号)和《乌鲁木齐国际陆港区建设三年行动计划(2018—2020年)》(新政办发〔2018〕167号)为标志性事件,乌鲁木齐国际陆港区的功能定位、规划布局、三年重点建设任务得到进一步明确。

二、规划面积的调整优化

由于功能定位的调整优化，陆港区在不同发展阶段的规划建设面积也在不断调整优化。其中，乌鲁木齐铁路国际物流园最初规划建设面积为 60 平方千米，以乌鲁木齐西站、乌鲁木齐北站等区域为主；乌鲁木齐国际物流枢纽基地规划建设面积在乌鲁木齐铁路国际物流园的基础上扩大到 100 多平方千米，以北站片区为核心；乌鲁木齐国际物流中心在乌鲁木齐国际物流枢纽基地的基础上，规划建设范围增加了乌鲁木齐综合保税区等区域。乌鲁木齐国际陆港区替代乌鲁木齐国际物流中心以后，规划建设面积也由涵盖北站片区、八钢铁路场站区、集装箱中心站、高铁片区、综合保税区等 120 平方千米的产城联动发展区域，调整为以西站片区、北站片区为核心，涵盖八钢铁路场站区、集装箱中心站、综合保税区等 67 平方千米的产城联动发展区域。

三、管理主体的调整优化

乌鲁木齐国际陆港区的前身——乌鲁木齐铁路国际物流园由乌鲁木齐市经济技术开发区提出，随着功能定位、规划建设面积的不断优化升级，管理主体也得到不断加强和提升，实现了从开发区政府到市人民政府再到自治区人民政府主导管理的三级跨越。

1. 区政府主导管理阶段

2010～2012 年，在乌鲁木齐铁路国际物流园规划建设方面，由于物流园没有跨越行政区域，尽管乌鲁木齐市将国际物流园开发建设纳为全市的发展重点之一，但其管理主体以区政府为主。在这一阶段，市人民政府主要履行规划审核、统筹协调等重大职责，在规划建设中发挥了重大作用。

2. 市政府主导管理阶段

2013～2017 年，乌鲁木齐陆港区依次替代了乌鲁木齐铁路国际物流园、乌鲁木齐国际物流枢纽、乌鲁木齐国际物流中心以后，由于规划建设面积跨越了市属行政区域，为提高管理效率，以乌鲁木齐市成立乌鲁木齐铁路国际物流园建设领导小组和乌鲁木齐国际陆港区建设委员会为标志，其管理主体转为以乌鲁木齐市政府为主。在这一阶段，市委、市政府进一步建立健全了管理机构，确定了分管市领导，推动陆港区加快发展。

3. 自治区人民政府主导管理阶段

2018 年以后，以自治区人民政府研究成立乌鲁木齐国际陆港区建设协调推进组为标志，其管理模式转为自治区主导、部门参与、乌鲁木齐具体落实。乌鲁木齐国际陆港区建设协调推进组组长由自治区党委常委、常务副主席担任，自治区发展改革委、商务厅、国资委、交通运输厅、工信厅、供销社、乌鲁木齐铁路集团公司等自治区部门和驻疆单位纳入成员单位，协调推进组办公室设在乌鲁木齐国际陆港区建设委员会，行使日常工作。这一阶段，自治区党委、政府领导多次深入陆港区调研指导、现场办公，协调推进组多次召开专题会议，研究解决重大问题，加快推进了陆港区的高质量发展。

第三节　乌鲁木齐国际陆港区建设的
主要做法和成效

近十年来，特别是 2016 年正式提出乌鲁木齐国际陆港区建设以来，陆港区在实践中不断探索前进，取得的成效是历史性的、全方位的，是自治区、乌鲁木齐市、开发区三级政府高效协同、共同努力的结果，是不断探索陆港区建设发展规律、充分发挥国家战略和区位优势效应的结果。科学总结乌鲁木齐国际陆港区建设的成效和做法，对推进陆港区高质量建设发展具有重要的承前启后作用。

一、坚持规划引领，陆港区建设发展体系不断完善

规划是引领发展的蓝图。近年来，自治区、乌鲁木齐市、陆港区委、陆港区所在的区政府都十分重视陆港区总体规划、专项规划、政策措施等研究完善工作，不断完善陆港区建设发展体系。

1. 加强战略研究

认真学习国内外陆港区建设发展经验，结合乌鲁木齐区位优势、战略地位等实际，先后开展了乌鲁木齐国际陆港区发展战略规划研究、乌鲁木齐国际货运铁路口岸临时开放可行性研究、乌鲁木齐国际陆港区产业体系及集群发展研究、中欧班列西通道集结中心建设运营研究，以及粮食、整车、水果、种苗等进出境指定口岸等 10 多项专题研究，为科学编制总体发展规划，推进完善陆港区功能发挥了基础性作用。

2. 加强规划编制

坚持总体发展规划、专项发展规划一同编制、协同落实，有力地保障陆港区建设的顺利推进。报经新疆维吾尔自治区人民政府研究同意，先后印发了《乌鲁木齐国际陆港区总体发展规划（2018—2035 年）》《乌鲁木齐国际陆港区建设三年行动计划（2018—2020 年）》，明确了陆港区"集货、建园、聚产业"的总体发展思路和三年行动方案，使陆港区建设提升到自治区层面，有力地增强了总体规划的权威性和执行力。报经乌鲁木齐市人民政府审核通过，先后印发实施了《陆港区国际快件中心建设规划》《北站片区的控制性详细规划和产业规划》《乌鲁木齐国际陆港区空间发展规划》等专项规划，正在抓紧编制《陆港区城市交通规划编制》。系列专项规划的编制实施，进一步明确了陆港区整体协调、关键节点的建设发展思路，成为陆港区总体发展规划的重要补充，有力地保障了陆港区总体发展规划的顺利实施。

3. 注重政策引领

主动加强与国家部委的协调对接，争取国家政策支持。2019 年国家发展

改革委、交通运输部联合印发的《国家物流枢纽布局和建设规划》将乌鲁木齐确定为陆港区型、空港型和商贸服务型国家物流枢纽承载城市。注重加强中欧班列补贴政策、贸易政策、产业落地政策等综合政策的研究落实。先后研究发布了《乌鲁木齐国际陆港区国际货运班列财政补贴资金管理及发放暂行办法》《支持现代物流业发展招商引资实施细则》等政策文件，大力支持班列返程、货物集结和贸易发展，提高国际陆港区竞争力，拉动陆港区商贸、物流产业集聚。同时，加强中欧班列高质量运行保障措施的研究。报经自治区人民政府同意，先后印发实施了《提升乌鲁木齐中欧（中亚）班列集结中心功能促进国际铁路联运通道发展的实施意见》《中欧班列（乌鲁木齐）集结中心建设方案（2020—2024 年）》（由自治区推进实施"一带一路"建设领导小组办公室印发）。为认真贯彻落实国家推进"一带一路"建设工作领导小组办公室印发的《中欧班列高质量建设指导意见》，自治区层面研究制订了《中欧班列（乌鲁木齐）集结中心建设方案（2020－2024 年）》，为陆港区和中欧班列乌鲁木齐集结中心的高质量建设发展进行顶层设计。

二、以中欧班列集结乌鲁木齐中心建设运营为抓手，集货能力不断增强

2016～2019 年，陆港区自行累计组织开行中欧（中亚）班列 3133 列（其中 2016 年 223 列，2017 年 806 列，2018 年 1002 列，2019 年 1102 列），年均增长 70.3%；开行线路增至 21 条，通达中亚和欧洲 19 个国家的 26 个城市，运载货物拓展到日用百货、服装产品、机械设备、水暖建材、电子配件等 200 多个品类。

1. 中欧班列集结中心综合功能日趋完善

累计投入资金 70 多亿元，建成了中欧班列国际联运中心、班列集结中心、国际快件中心、海关清关中心等重点项目，中欧班列集结中心综合功能不断完善，具备了年发运 7000 列的集结能力。乌鲁木齐国际陆港区集团公司作为中欧班列集结中心建设运营的国有平台公司，由区属国企调转为市属国企，投资运营能力进一步提升。

2. 国际国内合作水平不断提升

加强与哈铁、俄铁等境外铁路公司接洽合作，降低班列境外段运输价格。先后与德国杜伊斯堡港、波兰 PCC 多式联运有限公司、卢森堡国铁多式联运公司、法国劳尔集团等欧洲主要铁路港口公司签署合作协议，在企业化运营、中欧班列开设、跨境物流场站建设等方面开展合作。加强国内互通合作，先后与青岛保税港、沧州黄骅港、厦门港、连云港港、青岛港、天津港等建立港区合作协议，与连云港港、青岛港等开行了海铁联运测试班列。积极对接协调广铁、宝钢铁路场站，探索开行广新欧、宝新欧、津新欧，与华北、华东、华南产业联系和产能互动水平不断提升。

3. 物流网络布局不断优化

在巴基斯坦、乌兹别克斯坦、吉尔吉斯斯坦等国家建立陆港区集货站，进一步提升了班列境外集货分拨的配套服务。组织开展了长江三角洲、珠江三角洲、厦门等地陆港区中欧班列推介会，招商引资力度不断加大，富有成效，与潮州、厦门、胶州经开区等政府及多家国内外知名商贸物流、跨境电商企业开展全方位运输合作；与中国机电产品进出口商会等国家级进出口商会、内地政府、境内外大型物流企业、知名行业组织开展深入合作，开放合作达到新高度。通过举办新疆国际陆港区体系建设座谈会，加强与疆内物流节点城市的联系，建立了疆内陆港区联动发展机制。

4. 班列货源规模不断扩大

已与疆内外100余家进出口企业形成稳定合作关系，初步形成疆内货物向乌鲁木齐集结、班列沿途阶梯挂运的货源组织新模式，班列服务广东、浙江、四川、上海、重庆等10多个省市。

5. 业务模式创新发展

加强与海关、铁路部门的协同合作，创新海关监管模式，大力推行由

"列"到"节"的查验方式,缩小班列监管单元,通关效率极大提升。先后与成都、重庆合作开行了成新欧、渝新欧"集拼集运"业务实单测试,中欧班列集拼集运业务流程不断完善和巩固。中欧班列"集拼集运"组织模式被列入国务院自由贸易试验区第五批改革试点经验,在全国复制推广。常态化开行和田—喀什—乌鲁木齐的"集拼集运"班列,初步建立以陆港区为核心的疆内"集拼集运"体系。探索开展了全国首票内陆进口 TIR 运输,打通了中欧第四物流通道。

6. *综合服务能力不断提升*

实行进出口运输组织和通关全天候"一站式"服务,场站服务能力不断提升。组建专业公司,为多式联运中心、班列集结中心等提供专业化服务保障。截至 2019 年底,铁路口岸现场进口海关通关时间压缩到 3.67 小时,整体时效压缩到 27.12 小时,效率同比提高 78% 和 83%;出口通关时效仅 0.62 小时,在全国处于领先水平。

三、以基础设施建设为抓手,园区功能日趋完善

近年来,陆港区紧紧抓住基础设施建设这个"牛鼻子",聚焦重点平台,加大资金投入,陆港区基础设施建设不断推进,各园区功能不断完善,为加快发展奠定了坚实基础。

1. *重点项目加快推进*

铁路口岸商务商贸区、国际快件中心等西站片区、北站片区、综保区功能性基础设施项目,以及西二环道路、八钢路等中欧班列集结中心基础道路配套等重点项目,累计投资 487 亿元,现有完成投资近百亿元。一批重点项目的建成运行为陆港区加快发展提供了全方位硬件支撑。

2. *功能平台不断完善*

累计投资 10 多亿元,建设了多式联运监管中心保税仓库、进口肉类指定口岸，并成功获批；建设了汽车整车、粮食、水果、冰鲜水产品及种苗进境指定口岸和保税物流中心（B型）等硬件设施，正在积极争取国家获批，口岸特许经营功能初步显现；成功获批跨境电子商务综合试验区，大力探索"陆港区＋跨境电商试验区"新业态、新模式。累计投资近30亿元，综合保税区一期工程、国际纺织品服装贸易中心核心启动区的基础设施加快建设，产业落地加工的能力不断增强，产业集聚发展的效应初步显现。

3. 区域资源整合不断加强

成立北站片区资源整合核查组织领导体系，通过深入调查摸底，明确了自治区国资委下属的15家企业的整合方案，按照人员资产整体移交，参股、整合现有土地资源和资产等方式，加快推进企业移交、产业整合等工作，现已完成市属3家企业、自治区属1家企业的划转移交工作。

四、以招商引资为抓手，聚产业能力不断提升

聚集优势产业，促进开放型经济发展，加快建成"丝绸之路经济带"核心区商贸物流中心、交通枢纽中心，是陆港区建设的重要使命。截至目前，陆港区范围内现有各类企业2200余家，其中商贸物流企业280余家，市场主体不断壮大。

1. 创新招商引资理念

创新铁路口岸商务商贸区投融资模式，按照社会化资本投资开发、社会化资本回购的运营理念，与中海外建设、中船重工、新疆冶建及社会公司、联想等知名企业深入对接，推进重点项目建设；依托口岸功能，拉动产业发展，加强与泰国正大等肉类、果蔬、粮食企业及天津自贸区汽车外贸企业对接合作，创新业务合作模式；发挥多联中心功能，加强与上海环世物流、上海中万环球等企业对接，深度开展商贸物流合作开发。上海中万环球的进入，填补了跨贸产业园的空白。以拉动现代物流、国际贸易、供应链金融三大产业为主攻方向，进口棉纱中心、肉类交易中心、番茄酱定价交易中心等项目积极推进，与上海中万环球、上海环世物流等 20 余家企业达成合作意向。截至 2019 年底，陆港区完成注册企业累计 140 家（其中综合保税区 75 家、口岸服务区 65 家），先后引进了河南保税集团、百世物流、邮政速递等国际大型商贸物流、跨境电商企业入驻。

2. 大力发展跨境电商产业

依托已获批的中国（乌鲁木齐）跨境电商综合试验区和陆港区自治区级跨境电商产业园，创新跨境电商产业发展模式，做好跨境电商零售进口政策试点，完成线上综合服务平台建设，实现新疆首单网购保税进口测试。积极配合邮局、海关等单位，创新跨境电商监管模式，推动全国首单"跨境电商（9610）＋TIR"监管模式测试成功。跨境电商在陆港区外贸行业整体中的占比持续提高。

3. 加强智慧金融陆港区建设

投资 1.4 亿元，在全国研发建设了第一套跨国家、跨关区、跨场站、跨运输公司的国际铁路联运组织运营系统——中欧班列（乌鲁木齐）集结中心智能场站平台，可以实现通关综合服务、场站业务、公铁集疏运、集装箱公共放箱、仓配一体化和运营监控等服务功能，经过多次测试，运行良好。经过"蓉新欧""渝新欧"集拼集运业务实单测试工作，成效显著。全面运行后，大力推进了中欧班列全程信息交换、全程数字化监管、全程"集拼集运"，以及全程结算，并将货单、货物赋予金融属性，将极大地提高中欧班列运行效率，极大地降本增效，极大地提高资金效率。

五、加强协同发展，组织领导体系不断加强

乌鲁木齐国际陆港区辖区跨越地方、兵团等行政区域，辖区内交叉布局了几十家央企、自治区国企、市属国企，利益错综复杂，统筹协调发展难度大。

为切实整合资源、推进协同发展，新疆维吾尔自治区、乌鲁木齐市和陆港区委在加强组织领导体系方面进行了积极探索，取得积极成效。

1. 陆港区发展地位不断提升

2018 年，自治区党委九届六次全体会议明确提出，以"一港、两区、五大中心、口岸经济带"为抓手，加快推进"丝绸之路经济带"核心区建设。同时，加快把陆港区打造成"丝绸之路经济带"核心区建设标志性工程。自治区党委这一工作部署，在自治区人民政府印发实施陆港区总体发展规划的基础上，将陆港区提升到了更高、更重要的地位，极大地凝聚了全区上下共同推进陆港区建设的力量和共识。同时，自治区党委、政府主要领导、分管领导经常深入陆港区调研指导、现场办公，为自治区各部门关心支持和协同推进陆港区建设起到了重要示范作用。此外，自治区发展改革委等部门，在积极协调落实陆港区建设资金的同时，主动加强与国家部委的衔接，全力争取国家部委对陆港区建设的支持。在自治区发展改革委的努力争取下，国家发展改革委于2019 年 11 月组织交通运输部、商务部、海关总署、中国铁路总公司等部委，专门召开了乌鲁木齐国际陆港区建设协调会；2020 年 4 月，国家发展改革委经过自主申报、初步筛选、专家评审等程序，将乌鲁木齐列为全国五个"中欧班列集结中心示范工程建设城市"（成都、重庆、西安、郑州、乌鲁木齐）之一。国家和自治区党委、政府对乌鲁木齐国家陆港区的重视程度前所未有，形成和凝聚了强大的工作合力。

2. 领导体制不断理顺

从 2010 年至 2019 年，陆港区经历了以区政府主导管理到市政府主导管理再到自治区主导管理的重大转变。2018 年，随着自治区人民政府研究成立"乌鲁木齐国际陆港区建设协调推进组"和协调推进组办公室，陆港区领导机制初步形成了自治区主导、自治区部门齐抓共管、乌鲁木齐市具体实施、陆港区委统筹协调的组织领导机制。乌鲁木齐市委、市政府不断调整、充实乌鲁木齐国际陆港区建设委员会的力量配置，从相关单位抽调 10 多名精兵强将，专职负责陆港区建设日常事务。

3. 统筹协调不断加强

自治区人民政府对陆港区建设事务实行自治区和市政府"双协调"机制，即由自治区发展改革委负责自治区层面的统筹协调，乌鲁木齐国际陆港区建设委员会负责乌鲁木齐市层面的统筹协调。在自治区层面，自治区推进实施"一带一路"建设领导小组每年将陆港区建设列为年度工作要点，提出年度工作重点和具体任务，明确责任落实的牵头部门和责任单位。同时，将陆港区建设作为一项重点工作，列入自治区党委、政府对乌鲁木齐市年度绩效考核的范畴，考核的权重逐年加大。此外，自治区乌鲁木齐国际陆港区建设协调推进组采取定期或不定期现场办公、召开专题会议等方式，及时研究解决陆港区建设存在的重大问题、重大事项。在乌鲁木齐市层面，市委、市政府高度重视陆港区建设发展，将陆港区列入全市"两港一中心"（陆路港、航空港、国际纺织服装中心）发展战略；研究成立的国际陆港区建设委员会涵盖了市属所有相关部门和单位；指定一名专职市委常委负责陆港区建设。市委、市政府主要领导对陆港区建设既"挂帅"也"出征"，经常深入陆港区督促指导工作，协调解决具体问题。陆港区委建立健全了委员会议事规则和工作细则，陆港区建设日常工作不断规范化、制度化和科学化。

综上分析判断，乌鲁木齐国际陆港区建设发展的成效十分明显，呈现了开局良好、行稳致远的发展态势，为推进下一阶段的高质量发展奠定了坚实基础。

第四节　乌鲁木齐国际陆港区建设
面临的问题和困难

从乌鲁木齐国际物流园、国际物流枢纽基地、国际物流枢纽中心，到乌鲁木齐国际陆港区，其总体规划、发展定位经过了多轮调整完善。真正意义上的陆港区只经过了短短5年的建设发展，总体上还处于建设发展的起步阶段，加之境内外新冠肺炎疫情的影响，更是面临不少问题和困难，需要深入研究分析。

一、投入能力不足，基础设施建设有待完善

受全球经济下行压力加大、市场化投融资难度大、乌鲁木齐市和区政府本级财力有限等因素影响，陆港区基础设施建设投入不足，基础设施存在不少短板。

1. 交通网络不够快捷

陆港区内部的中欧班列集结中心、综合保税区、国际纺织服装中心之间缺乏快捷的专门通道，道路拥堵问题比较严重，影响和制约了物流效率。陆港区与临空经济区、市属各实体产业园之间互联互通基础设施有待提升，协同发展受阻。陆港区内部道路改造提升的任务依然比较重，资金缺口大。

2. 配套设施不够完善

陆港区中欧班列集结中心综合商贸服务区尚在开发建设中，围绕集货需要的商务洽谈、宾馆酒店、商品展示、国际交流等综合服务硬件系统有待提升。陆港区综合保税区的保税仓储、标准厂房等配套设施建设滞后，"筑巢引凤"的吸引力不足，目前开发面积不足50%。

3. "聚产业"平台建设需要加强

综合保税区、国际纺织品服装商贸中心作为承载陆港区"聚产业"职能的重要区域，基础设施建设相对滞后，产业集聚发展能力不强。综合保税区开发建设面积不足一半，独特的政策优势对产业集聚发展的支撑作用尚未完全显现。纺织品服装商贸中心由于机场限高、交易政策制约、投融资难度大等问题，建设发展远未实现预期目标。由于中心地处民航净空范围，2/3 地块上的建筑物限高仅 10 米左右，1/3 的地块已超净空限高，制约了园区整体开发建设。中心基础设施建设总投资需求量约 250 亿元，建设体量巨大，资金筹措难，中心基础设施、产业发展配套设施建设进度比较缓慢。根据国家部委有关文件精神，中心的结算交易牌照难以获取，影响交易职能的发挥。国家和自治区虽然制定了支持新疆纺织服装产业发展的相关优惠政策和实施细则，但主要是对纺织服装产业前端生产环节的电价、运费、厂房、污水处理等进行补贴，对终端商贸、边贸流通环节缺乏配套支持政策。

二、集货能力不足，集结中心使用效率有待提升

受本地外向型产业发展、财政补贴水平，以及国内竞争激烈等因素影响，中欧班列（乌鲁木齐）集结中心集货能力不足，集结中心使用效率不高。截至 2019 年底，集结中心具备了年发运 7000 列的集结能力，但自行组织的中欧班列只有 1000 列左右。

1. 外向型产业支撑乏力

本地乃至全新疆外向型产业发展相对滞后，出口总量特别是出口欧洲的高端产品比重不高。2019 年，新疆对外贸易进出口总值虽然实现 1640.9 亿元人民币，实现逆势同比增长 23.8%，但仅占全国总量（31.54 万亿元人民币）的 0.52%。新疆出口货物多为原料型产品，处于产业链低端，符合欧洲市场需求的本地产品不多，80% 以上的出口货物以中亚、俄罗斯市场为主。加之国家尚

未将中亚班列纳入中欧班列统计范围，新疆组织开行的中欧班列在全国处于相对弱势地位。

2. 综合竞争力不强

由于国内中欧班列绝大多数由中国铁路集装箱集团公司组织承运，因此可享受国内段运费下浮优惠。但 2019 年以前，新疆中欧班列由中国铁路乌鲁木齐集团公司旗下的新疆大陆桥公司组织承运，既没有享受国内段（乌鲁木齐至阿拉山口、霍尔果斯口岸段）运费下浮政策，也由于不合理收费，极大地增加了班列发运成本。发往中亚、欧洲的综合班列成本，新疆甚至比西安等内地城市的还高，陆港区的区位优势没有得到有效发挥。同时，由于自治区、乌鲁木齐市自身财力有限，对班列的补贴力度远低于西安等内地城市，致使集货的竞争力较弱。

3. 与对口援疆省市合作开行中欧班列艰难探索

目前，全国有 52 个城市组织开行中欧班列，但年开行 100 列以上的不到 50%，处于非常态化开行的状态，而这些城市绝大部分分布在对口支援新疆的 19 个省市中，这为陆港区与这些城市加强合作、常态化开行中欧班列提供了可能。但陆港区在协调过程中，由于受班列补贴、援疆资金使用规定等方面的要素影响，一直难以取得突破。

三、平台功能不完善，对外开放水平有待提升

开放平台是促进产业集聚、大力发展外向型经济的重要支撑。受制于对外开放平台功能缺失，在一定程度上影响了陆港区乃至全市、全区的对外开放水平的提升。

1. 铁路（临时开放）口岸功能不完善

经过陆港区委的积极协调对接，国家有关部委虽然连续多年延续了乌鲁木齐铁路口岸临时开放政策，但一直没有正式批复和赋予其国家一类口岸的功

能。受此影响，除了赋予肉类进境口岸功能外，铁路口岸急需的整车进口、进境粮食、保税物流中心（B 型）等功能依然缺乏，在一定程度上制约了中欧班列返程货源的组织，造成中欧班列去、返程比例悬殊，产业集聚发展受到一定影响。与新疆内的霍尔果斯口岸已经先后获批整车、粮食、肉类、活畜、水果、药品、种苗、化妆品八个进出境指定口岸相比，陆港区的开放平台差距巨大。与重庆、西安、郑州等内地陆港区的城市相比，口岸功能的严重缺失、班列补贴的巨大差距，致使陆港区产业集聚发展水平差距越来越大，陆港区的区位优势没有被充分发挥出来。

2. 综合保税区作用尚未充分发挥

目前，综合保税区内落地企业数量不多、发展规模较小、质量不高，对保税加工、保税贸易、保税物流的支撑作用不明显，对综合保税区产业发展政策研究不深，针对核心业务的精准招商工作有待加强。创新综合保税区业态需要强化，国家大力倡导的维修业务、研发业务、租赁贸易等新业务尚未开展，跨境电商业务处于起步阶段，发展的压力依然巨大。根据海关总署通报，全国有进出口统计数据的 132 个综合保税区（特殊监管区），年外贸进出口总额未过 1 亿美元的有 12 个，占 9.1%，其中乌鲁木齐综合保税区连同喀什综合保税区、中哈霍尔果斯国际边境合作中心中方配套区就位列其中，而且开发面积不到 50%，产业集聚水平低，根据海关总署有关考核办法，处于 C 类范畴（排名后 10%），面临退出风险。

3. 航空口岸功能不够完善

推进陆港区与临空经济区联动发展，是陆港区建设发展的重要使命。健全的航空口岸功能、独具特色的临空经济发展体系显得十分必要。在航空口岸开放功能上，由于乌鲁木齐国际机场 72 小时过境免签等政策被暂停，境外中转游客不增反降，为境外客商来乌经贸合作增加了成本、带来了不便。与西安、成都、郑州等国际机场相比，乌鲁木齐国际机场无论是开放功能还是开通的国际航线数量都相去甚远，门户优势呈现弱化趋势，这在一定程度上影响了陆港区国际交流合作的整体环境。在临空经济发展体系上，如何与陆港区优势互补，实现错位发展、协同发展，也需要深入的研究，特别是陆港区、临空经济区都处于发展起步阶段，迫切需要研究建立紧密的协同发展机制。

四、政策体系不够健全，"集货、建园、聚产业"循环发展有待加强

"集货、建园、聚产业"作为陆港区的总体发展思路，体现了内陆港区的建设规律，符合开放型经济的发展规律。但在执行过程中，由于政策体系不够健全，三者之间循环发展、协同作用有待进一步加强。

1. 受地方经济实力影响，优惠政策吸引力不强

目前，乌鲁木齐市在陆港区集货方面，严格执行国家有关政策，实施了一些财政补贴政策，但与西安等城市相比，无论是补贴的力度、兑现的时效性，还是其他渠道的综合补贴，远远不具有吸引力。在建园方面，园区建设缓慢，园区种类不能够跟上陆港区发展需求，致使陆港区功能不完善，对企业的吸引力不足。在聚产业方面，地方财政、政府平台公司难以采取参股、融资等新方式，推进重大招商引资项目落地建设。据陆港区工作人员的反映，陆港区的招商引资优惠力度还不如新疆霍尔果斯经济开发区等地，个别已经落地的企业已经出现了外迁倾向。

2. 受相关政策文件影响，一批优惠政策被暂停执行

当地为清理规范财政税收优惠政策，从 2018 年起一律停止了与财政收入、税收收入相挂钩的一切即征即返、先征后返形式的各种补贴政策，致使原来实施的一些尚有一定吸引力的招商引资政策被清理，取而代之的是实行"一事一议"政策，但由于缺乏公开、透明，政策的公信力、保障力受到企业的质疑。比如，原来执行的鼓励企业上市、科技创新、外贸出口、使用高端人才等政策，现都被暂停执行。

3. 受思想观念影响，优惠政策缺乏集成效应

"集货、建园、聚产业"涉及中欧班列集结中心、产业园区、基础配套、产业落地服务等方方面面，涉及土地、财税、金融、人才、公共配套等各个环节，集货方面涉及货代公司、贸易公司、运输平台公司、境外采购经理、中转运输等各方面利益。加快促进"集货、建园、聚产业"循环发展，需长期坚持"以贸促工、贸工一体、协同发展"的思路，充分考虑方方面面、各个环节的利益，制定实施系统、集成的政策体系。因此，需进一步解放思想，不能因为眼下的大量付出（财政补贴）而忘记促进产业落实发展的初心。重庆、西安等地通过大力发展中欧班列，促进产业落地加工的做法，值得学习借鉴。

五、体制机制不够顺畅，改革创新的活力有待提升

理顺和健全管理体制机制，是推进改革创新的根本和前提，两者相辅相成、相互促进。陆港区在建设发展的历程中，从自治区到市委、市政府，从自治区各部门到市属各部门、所在的区政府，都一直高度重视陆港区的建设发展，为推进陆港区创新发展提供了坚强保障。但相对于西安港务区等先进典型，陆港区体制机制建设和改革创新尚有很多提升的空间。

1. 陆港区委尚属非实体机构

乌鲁木齐成立的国际陆港区建设委员会属于市委、市政府的议事协调机构，相关工作人员从有关单位、部门抽调，"人、财、物"管理协同性、"责、权"匹配性远没有实体机构那样稳固，致使干部队伍的稳定性、统筹协调的顺畅性受到一定影响。陆港区委既非陆港区的投资主体，也未被赋予市级行政管理职能，人才、土地、财税、执法、制定政策等行政资源配置能力自然受到影响。

2. 跨区和交叉管理问题比较突出

陆港区所属的乌鲁木齐综合保税区处于建设兵团十二师行政区域，由市政府与兵团十二师合作共建，拟打造兵地融合发展示范区。但由于人员、投资、

财税分成政策等缺乏稳定性，影响了综合保税区的高质量发展。陆港区所属的国际纺织服装园区根据市委、市政府"两港、一区"（陆路港、临空港、纺织服装区）的发展战略，有其专门的管理机构和管理人员，陆港区委尚未实施统筹管理，"一港、一区"两套管理系统的弊端显而易见。陆港区内有十几家央企、自治区企业、市属国有企业，占有大量土地资源，很多资源尚处于闲置状态，由于利益交织，资源整合难度大。这些问题，都需要通过理顺体制机制、大力改革创新来破除。

3. 统计、项目申报体系尚未建立

由于陆港区不是独立的行政区，没有创新赋予行政代码，缺乏完善的管理统计、项目申报、行政执法等系统，影响了行政效率。由于难以单独建立区域经济发展统计系统，决策的科学性受到影响。由于难以直接向自治区、国家申报建设项目，项目申报、资金拨付等需要通过区、市两级政府层层审核审批，效率不高，与陆港区作为"丝绸之路经济带"核心区标志性工程的地位极不匹配。由于尚未创新设立行政执法系统，陆港区综合整治掣肘较多。这些问题，都需要通过理顺管理体制机制来推动改革创新，以务实的改革创新理顺管理体制机制。

4. 高质量建设发展的综合评价体系尚未建立

陆港区建设发展虽起步晚，但规划建设起点高，得到了国家和自治区层面的高度关注和大力支持，具备了高质量建设发展的基础。如何推进、怎样推进、如何评价、怎样评价高质量建设发展，绝不能停留在国家政策、总体规划等宏观层面，需要从微观层面研究建立具体、详细、科学的综合评价指标体系，并以此激励、引导高质量建设发展全过程，切实通过综合评价指标体系和定期评价工作，掌握陆港区高质量建设发展的成效、经验和问题，把好高质量建设的方向和初心。这也是国内外陆港区建设发展的重要经验之一。在这方面，陆港区需要尽快补好这个"短板"，为高质量建设发展提供遵循和指南。

第四章　国际陆港区高质量发展评价指标体系的构建及结果分析

前面分别介绍了国际陆港区的相关理论基础和乌鲁木齐国际陆港区发展现状及可能存在的问题。本章试图回答"乌鲁木齐国际陆港区经过这几年的发展是否取得了成效"这一问题。因此，构建科学、合理、适用的评价体系来度量乌鲁木齐国际陆港区高质量发展水平是本章的目标。

在借鉴国内外相关指标体系研究编制经验的基础上，本书综合考虑了乌鲁木齐国际陆港区的实际情况，构建了国际陆港区高质量发展评价指标体系，旨在对乌鲁木齐国际陆港区高质量发展水平进行比较全面的"体检"，借此分析乌鲁木齐国际陆港区高质量发展取得的阶段性效果，为有关部门深入推进"丝绸之路经济带"核心区建设、完善国际陆港区发展提供决策支持。

第一节　指标体系的构建原则

国际陆港区高质量发展水平评价是一个多目标、多层次的决策问题。为了准确、直观地反映乌鲁木齐国际陆港区高质量发展水平及其变化，本书坚持高质量发展的目标导向，将按照"集货、建园、聚产业"的思路，分析乌鲁木齐国际陆港区发展的进展情况。在构建国际陆港区高质量发展指数的过程中，坚持以下基本原则。

一、前瞻性的原则

充分发挥评价指标对乌鲁木齐国际陆港区高质量发展的跟踪监测作用，从中发现乌鲁木齐国际陆港区一些趋势性和苗头性的问题，揭示主要矛盾的变化以及评价相应政策的实施效果等，以便对当前政策实施的阶段效果进行及时的反馈。除此之外，评价指数的结果也可以为各级政府进行下一步相关政策的调整和完善提供一定的参考依据。

二、问题导向性的原则

评价指标体系设计综合考虑乌鲁木齐国际陆港区现阶段存在的突出问题，并着眼于问题的要害之处，适当选择问题的靶向性指标，以便发挥其对解释突出问题的"风向标"作用。

三、全面性和系统性的原则

全面性原则要求对于乌鲁木齐国际陆港区评价指标的选取，既要有内部的评价指标，也要有外部的评价指标；不仅要包含乌鲁木齐国际陆港区规模设施、自身管理水平、执行效率水平、物流业发展水平等，还要参考所在地的经济发展水平、交通基础设施水平、政策环境发展水平等。系统性原则是指指标体系能够系统地反映乌鲁木齐国际陆港区各方面的发展水平，各指标之间相互作用、补充，上下层之间涵盖关系明确；将整体分解成若干个组成部分，使评价体系更加清晰和更加有条理，确保评价结果的可靠性。

四、可操作性的原则

在确定指标和方法选取时，注重代表性和可得性相结合，充分考虑指标背后的真实含义和数据采集难易程度，同时选择可行、实用、科学的测算方法，确保评价体系既可以客观反映乌鲁木齐国际陆港区发展的现实，又能经得起推敲。

第二节 指标体系的研究设计

乌鲁木齐国际陆港区高质量发展指标体系的构建主要包括指标体系的设计、确定指标权重和测算方法等几个方面。科学、合理地设计指标体系是建立有效评价体系的重要基础，本节重点介绍指标体系的设计。本书紧紧围绕《贯彻落实习近平总书记重要讲话精神加快推进丝绸之路经济带核心区建设的意见》和《乌鲁木齐国际陆港区总体发展规划（2018—2035）》中的主要目标、乌鲁木齐国际陆港区"集货、建园、聚产业"的发展思路来设计指标体系。本书在借鉴已有相关研究成果的基础上，通过对乌鲁木齐国际陆港区的调研考察、与该领域专家学者深入访谈，内外兼顾，最终从陆港区内部发展水平评价指标和外部环境水平评价指标两个方面确立了能够全面、科学反映乌鲁木齐国际陆港区高质量发展水平的七类指标来进行测度。

具体而言，乌鲁木齐国际陆港区内部发展水平通过陆港区基础设施水平、陆港区物流业发展水平、陆港区执行效率水平、陆港区产业发展水平四个一级指标来构建；乌鲁木齐国际陆港区外部环境水平通过乌鲁木齐经济发展水平、乌鲁木齐交通基础设施发展水平、乌鲁木齐开放发展水平三个一级指标来构建（详见表4-1）。

表4－1　中欧班列联动下乌鲁木齐国际陆港区高质量发展指数指标体系

理念层	目标层	指标层	选用参数	单位
陆港区内部发展水平	陆港区基础设施水平	陆港区规模	规划面积	平方千米
		陆港区仓储能力	仓库面积和集装箱堆场面积	万平方米
		陆港区平台建设	中欧班列目的地（城市）数量	个
			乌鲁木齐综合保税区开发面积	平方千米
		陆港区装卸能力	龙门吊、正面吊、叉车、汽车装载机数	辆
			装卸线数量	条
	陆港区物流业发展水平	承运人服务水平	物流产业增加值（交通、运输、仓储、邮政业增加值）	亿元
		陆港区年吞吐量	中心站年设计吞吐量	万标准箱
		陆港区物流业发展规模	物流从业者人数	万人
			交通运输业固定资产投资	亿元
	陆港区执行效率水平	客户满意度	开行中欧班列	列
		内陆口岸能力	海关税收总值	亿元
	陆港区产业发展水平	产业创新能力	高新技术企业占比	%
		高端服务业发展水平	生产性服务业占比	%
陆港区外部环境水平	经济发展水平	国民经济水平	地区国内总产值	亿元
		工业基础水平	工业增加值	亿元
	交通基础设施发展水平	航空交通条件	乌鲁木齐机场吞吐量	万人次
		公路交通条件	高速公路	千米
		铁路交通条件	铁路货运量	万吨
		地区运输量规模	全社会货物运输总量	万吨
			全年货运周转量	亿吨千米
	开放发展水平	流动人口	流动人口数量	万人
		贸易开放水平	进出口额占 GDP 的比重	%
		资本开放水平	外商投资企业	家

一、乌鲁木齐国际陆港区内部发展水平评价指标

乌鲁木齐国际陆港区的建设是为了更好地扩大对外开放，服务经济发展。

国际陆港区自身发展水平是乌鲁木齐国际陆港区高质量发展的关键。综合考虑数据的可得性以及指标的科学性，我们将内部发展水平的评价分为四个部分，分别是陆港区基础设施水平、陆港区物流业发展水平、陆港区执行效率水平以及陆港区产业发展水平。

1. 陆港区基础设施水平

陆港区基础设施建设反映了其设备服务水平，是推进陆港区发展必不可少的物质保证，是实现陆港区经济效益、社会效益的重要条件，对陆港区乃至乌鲁木齐市的发展具有重要作用，所以陆港区基础设施水平是评价体系的重要组成部分。为了反映陆港区基础设施的基本情况，本书选取了四个指标来衡量：

（1）陆港区规模。其具体采用陆港区的规划面积来衡量。规划区域的大小直接决定了潜在规模，一般来说，在一定范围内规划区域面积越大，陆港区潜在发展水平越高。

（2）陆港区仓储能力。货物的仓储是陆港区的重要基本功能之一，我们选用仓库面积和集装箱堆场面积之和来反映陆港区的存储能力。

（3）陆港区平台建设。乌鲁木齐国际陆港区作为对外开放平台，是连接中国与欧洲市场的重要枢纽。我们选取国际陆港区的"朋友圈"数量——中欧班列目的地（城市）数量以及综合保税区开发面积来衡量陆港区的平台建设水平。

（4）陆港区装卸能力。货物的装卸是陆港区的重要基本功能之一，其装卸能力是反映陆港区运行效率的重要方面。我们考虑从两个方面来衡量陆港区的装卸能力：一个是大型装卸机械数量，另一个是装卸线数量。大型装卸机械数量主要包括龙门吊、正面吊、叉车、汽车装载机等，由于这些装卸机械在实际操作中一般是联合使用，因此，我们使用这几种大型装卸机械的合计数来进行评价；装卸线是陆港区内专门为货物装卸作业设置的线路，并配置有货物站台、雨棚、仓库或设施；还需设置相应的装卸设备和装卸作业通道。货物线还需设有调车信号及防护设施。装卸线数量的多少也直接反映了陆港区的装卸能力。

2. 陆港区物流业发展水平

国际陆港区是物流链的重要组成部分，而物流业的发展又为陆港区的进一步发展创造了新的机遇。乌鲁木齐要建设区域性物流枢纽，国际陆港区的建设是关键，大而强的现代物流产业则是国际陆港区建设的重要支撑。为了反映陆港区物流业发展的基本情况，本书选取了三个指标来衡量：

（1）承运人服务水平。承运人服务水平是物流产业发展的重要组成部分，其水平的高低直接影响着陆港区的发展水平，本书使用陆港区物流产业增加值（交通、运输、仓储、邮政业增加值）来反映陆港区承运人的服务水平。

（2）陆港区年吞吐量。吞吐量是陆港区生产经营活动成果的重要数量指标，也是衡量国际陆港区建设和发展的重要量化参考指标。鉴于数据的可得性，本书选取中心站年设计吞吐量来反映陆港区年吞吐量。

（3）陆港区物流业发展规模。对于物流业的发展，人力资本和资本投入是其重要组成部分。因此，本书从人力和资本两个方面来考虑，选取陆港区物流从业者人数以及陆港区交通运输业固定资产投资额来反映陆港区物流业发展规模。

3. 陆港区执行效率水平

执行效率是指通过陆港区规范的管理和操作，保证货物在陆港区期间安全、环保和高效运转，避免陆港区自身缺陷或发生安全事故造成时间的延迟。陆港区的执行效率直接体现了陆港区的整体运营水平和形象。为了反映陆港区执行效率的基本情况，本书选取了两个指标来衡量：

（1）客户满意度。客户满意度是对陆港区执行效率水平的综合反映。限于数据，我们选取年开行中欧班列的数量来间接反映陆港区的客户满意度。年度开行班列数量越多，客户满意度越高，说明陆港区综合效率越高。

（2）内陆口岸能力。一定期间内获得的税收收入越高，说明陆港区通关业务量越高，执行效率越高。具体来说，本书使用海关税收总值来反映陆港区的内陆口岸能力。

4. 陆港区产业发展水平

乌鲁木齐国际陆港区的发展思路是"集货、建园、聚产业"，产业的健康发展是陆港区高质量发展的重要基础。为了反映陆港区产业发展的基本情况，本书选取了两个指标来衡量：

（1）高端服务业发展水平。产业升级是高质量发展的基本要求，本书选取生产性服务业占比来反映陆港区的高端服务业发展水平。

（2）产业创新能力。创新是引领发展的第一动力，以创新驱动发展是陆港区转换增长动力、实现高质量发展的重要抓手。本书选取陆港区高新技术企业占比来反映产业创新能力。

二、乌鲁木齐国际陆港区外部发展水平评价指标

乌鲁木齐国际陆港区的所在地乌鲁木齐市的发展直接影响着陆港区的发展，为陆港区的高质量发展提供重要支撑。综合考虑数据的可得性以及指标的科学性，我们将外部发展水平的评价分为三个部分，分别是乌鲁木齐经济发展水平、乌鲁木齐交通基础设施发展水平以及乌鲁木齐开放发展水平。

1. 乌鲁木齐经济发展水平

陆港区所在地区经济的发展是陆港区发展的基本保障和有效推动力，没有区域经济的持续繁荣，陆港区的发展就会失去动力。为了全面地反映陆港区所在地区的经济发展水平，本书选取了下列两个代表性指标：

（1）国民经济水平。地区国内生产总值反映的是该地区一定时间内运用生产要素所生产的全部最终产品（包括产品和服务）的市场价值，能够衡量

该地区的经济实力和市场规模。

（2）工业基础水平。工业是国民经济中十分重要的物质生产部门。没有工业的发展，就不会有国民经济其他部门的进一步发展；而工业的发展规模，最终决定着整个地区国民经济的面貌。本书选取工业增加值来衡量乌鲁木齐的工业基础水平。

2. 乌鲁木齐交通基础设施发展水平

基础设施是完善城市功能的重要支撑，是城市安全高效运行的基本保障，是服务市民生活、支撑经济发展、彰显城市魅力的重要载体，对于改善人居环境、增强城市综合承载能力、提高城市运行效率、稳步推进新型城镇化等有着重要作用，在陆港区发展中处于重要的先导地位。良好的交通环境和基础设施大大提升了货物的周转效率，是国际陆港区发展的重要基础。交通基础设施主要包括航空、铁路和公路三个方面。在此基础上，我们还将地区的运输量规模纳入进来。为了全面地反映陆港区所在地区的交通基础设施发展水平，本书选取了下列四个代表性指标：

（1）航空交通条件。选取乌鲁木齐机场吞吐量来衡量乌鲁木齐的航空交通条件，机场吞吐量越高则说明本地区的航空交通效率越高，航空交通条件越发达。

（2）铁路交通条件。选取铁路货运量来反映乌鲁木齐的铁路交通条件。

（3）公路交通条件。选取高速公路里程数来衡量乌鲁木齐的公路交通条件。

（4）地区运输量规模。综合考虑，本书选取全社会货运总量和全年货运周转量来衡量乌鲁木齐运输量规模。

3. 乌鲁木齐开放发展水平

开放是国家繁荣发展的必由之路。在设计开放发展目标层时，本书考虑到数据可得性，侧重于从流动人口、贸易开放和资本开放三个方面来衡量乌鲁木齐对外开放程度。具体而言，本书选取了下列三个代表性指标：

（1）流动人口。人力资本是地区经济发展的重要因素，一个地区外来人口或流动人口数量越多，那么这个地区的经济发展越有活力。本书以流动人口（常住人口减去户籍人口）数量来衡量劳动力的流动。

（2）贸易开放。对外贸易对拉动经济增长和总需求扩张具有重要作用。本书选取进出口额占 GDP 的比重来衡量地区贸易开放水平。

（3）资本开放。考虑到过去三年乌鲁木齐实际利用外资额波动巨大，如果使用实际利用外资或与之相关的指标不能准确反映乌鲁木齐的资本开放水平，考虑到数据的可得性，本书选取一个存量指标——外商投资企业数来反映其资本开放水平。

第三节　评价指标体系的测算方法

评价指标体系是指由表征评价对象各方面特性及其相互联系的多个指标所构成的具有内在结构的有机整体。对于评价对象而言，仅有一年的数据或者计算得到一年的评价指标数值是没有意义的，所以本指标评价体系是以 2017 年乌鲁木齐及国际陆港区的各指标数值为基数，通过指数的时序变化来考察乌鲁木齐国际陆港区高质量发展水平的变动趋势。

一、指标权重的确定

通过设置等权重的方法将经过标准化后的三级指标值加总得到二级指标，通过对二级指标设置等权重进而得到两个一级指标，进而得到最终的综合发展指标（见表4-2）。需要特别说明的是，对于我们的指标体系中有些货币化的指数，如地区生产总值、物流产业增加值（交通、运输、仓储、邮政业增加值）、工业增加值等货币型指标，本书利用地区生产总值指数（以2017年为基期）以及消费者价值指数等进行了平减，以剔除物价对指标计算的影响。

表4－2　各级指标对应权重确定标准

指标	一级指标	二级指标	三级指标
权重	均等权重	均等权重	均等权重

二、数据标准化处理

在计算指标时需要对低一层的指标进行加总，但是各个指标的单位不同，有些是元，有些是条，有些是个，单位不同如何相加？为了保证各个指标层具有可加性，我们需要先对各个指标进行标准化，即去量纲化处理。

乌鲁木齐国际陆港区高质量发展指数的评价指标主要是看其纵向变化趋势，我们以最早获得数据的年份2017年为基期做标准化处理。处理方法如下：X_t 为某指标 t 年的测算值，X_{2017} 为某指标2017年的测算值，P_{tn} 为标准化后的指标值。

正向指标的标准化处理方式如下：

$$P_{tn} = X_t / X_{2017}$$

逆向指标的标准化处理方式如下：

$$P_{tn} = 1 / (X_t / X_{2017})$$

其中，$t = 2018，2019$。

三、评价指数合成

通过对各个指标标准化处理后，我们利用均等权重的设置将三级指标加总得到二级指标，最后利用同样的方法得到最终的综合指数。

指数加权的基本公式如下：

综合指数 $I = \sum P_i \times W_i \times 100$

其中，P_i 是经过无量纲化处理后得到的测评值，乘以指标对应的权重 W_i 得到分指标的分值；在得到各项分指标的分值后进行加总就得到综合指数。

第四节　国际陆港区高质量发展指数的结果分析

前面介绍了乌鲁木齐国际陆港区高质量发展指数评价指标体系的构建原则、研究设计及测算方法，在此基础上，本节将汇报最终测算结果及各部分结果，并对其变化进行较深入的分析。

一、乌鲁木齐国际陆港区高质量发展指数总体趋势

乌鲁木齐国际陆港区高质量发展指数总体呈现上升趋势，经计算发现，2018 年乌鲁木齐国际陆港区高质量发展指数为 111.2，2019 年为 122.8，2019 年较 2018 年增长了 10.4%，较 2017 年增长了 22.8%（见图 4 - 1）。这表明，近几年乌鲁木齐国际陆港区发展质量稳步提高。从分类指数看，内部发展指数和外部环境指数都是稳步上升的趋势，但是内部发展指数增长幅度较快，外部环境指数增长幅度相对慢一些（见图 4 - 2）。

二、乌鲁木齐国际陆港区内部发展指数趋势

乌鲁木齐国际陆港区内部发展指数自 2017 年以来总体呈现上升趋势，2018 年该指数为 118.4，2019 年继续保持增长态势，同比提高 16.9%，为

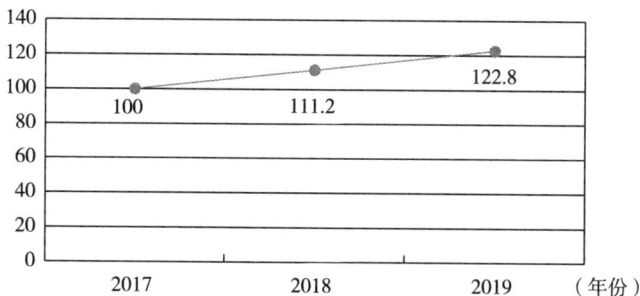

图 4 - 1　乌鲁木齐国际陆港区高质量发展指数变化趋势

资料来源：笔者根据前文测算方法计算得来，原始数据来源详见下文各趋势图。

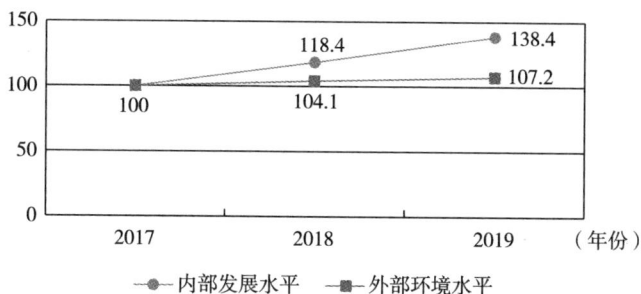

图 4 - 2　乌鲁木齐国际陆港区内部发展指数和外部环境指数变化趋势

资料来源：笔者根据前文测算方法计算得来，原始数据来源详见下文各趋势图。

138.4（见图 4 - 3）。从分类指标看，四个分类指数都呈现增长趋势。具体来看，陆港区的物流业发展水平增长最快，陆港区的执行效率水平和基础设施水平的增长速度排第二和第三，而陆港区的产业发展水平的增长相对而言是四类指数中最慢的（见图 4 - 4）。

1. 乌鲁木齐国际陆港区基础设施水平

乌鲁木齐国际陆港区基础设施水平自 2017 年以来呈现上升的趋势，2018年同比增长 11.7%，2019 年继续保持增长趋势，同比提高了 21%，达到135.4（见图 4 - 5）。

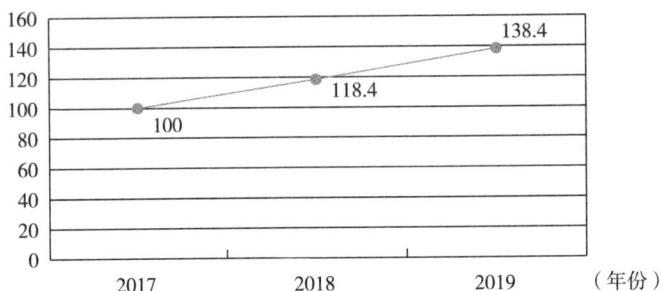

图 4 - 3　乌鲁木齐国际陆港区内部发展指数变化趋势

资料来源：笔者根据前文测算方法计算得来，原始数据来源详见下文各趋势图。

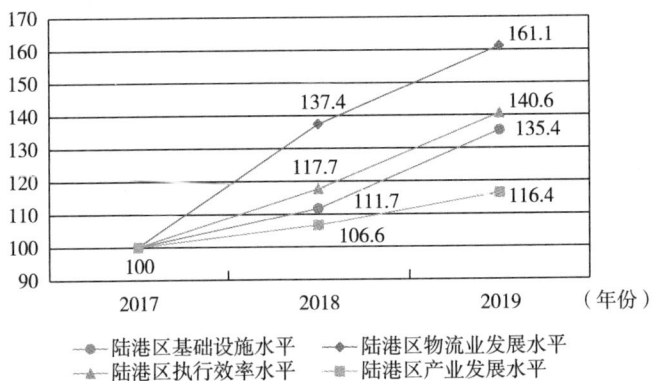

图 4 - 4　乌鲁木齐国际陆港区内部各分类发展指数变化趋势

资料来源：笔者根据前文测算方法计算得来，原始数据来源详见下文各趋势图。

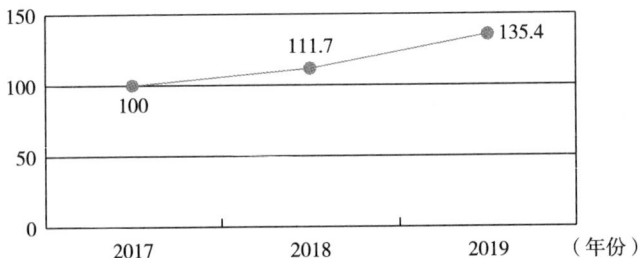

图 4 - 5　乌鲁木齐国际陆港区基础设施发展指数变化趋势

资料来源：笔者根据前文测算方法计算得来，原始数据来源详见下文各趋势图。

经分析发现，陆港区装卸能力、陆港区平台建设、陆港区仓储能力这三类指标在 2018 年和 2019 年均有较明显的提升，仓储能力 2018 年为 115.5，2019 年同比增长 14%，达到 131.6；平台建设水平 2018 年为 131.3，2019 年同比增长 15.5%，达到 151.7；增长最快的是装卸能力，2019 年达到 202.7，即为 2017 年的 2 倍多。而陆港区的规模，由于规划的原因，在 2018 年发生了较大幅度的下降（见图 4 - 6）。

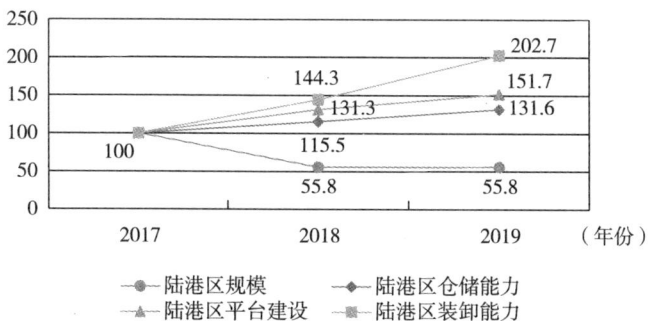

图 4 - 6 乌鲁木齐国际陆港区基础设施发展分类指数变化趋势

资料来源：笔者根据前文测算方法计算得来，原始数据来源详见下文各趋势图。

首先，从图 4 - 7 可见，反映陆港区规模的规划面积在 2018 年的时候发生了较大的变化。2017 年时陆港区的区域规划面积是 120 平方千米，2018 年陆港区规划进行第四次调整，区域规划面积减少到 67 平方千米。虽然区域规划内各要素单位的构成可能更加合理，但是这样的变化也可能对未来陆港区的发展规模有一定的影响。

其次，陆港区的仓库和集装箱堆场面积在近三年均有明显的增加，2017 年两者面积之和为 478 万平方米，经过两年的发展，2019 年达到 629 万平方米，年均增长接近 15%，这表明陆港区在仓储能力建设方面一直较为重视，投入力度较大（见图 4 - 8）。

（平方千米）

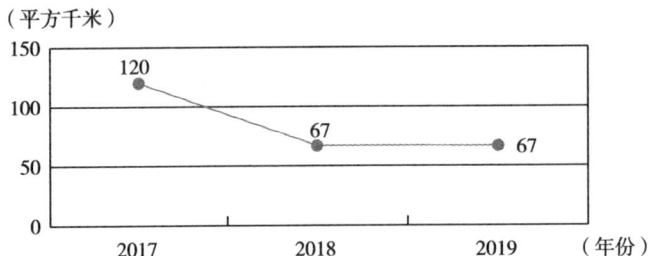

图4-7 乌鲁木齐国际陆港区规划面积变化趋势

资料来源：乌鲁木齐陆港集团调研数据。

（万平方米）

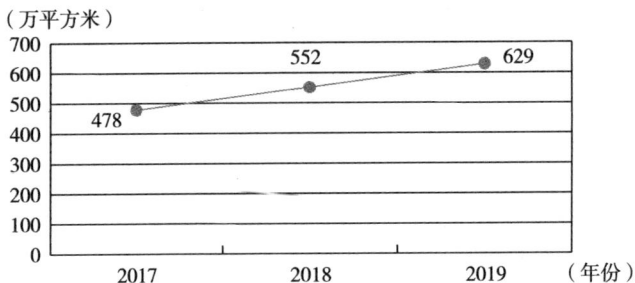

图4-8 乌鲁木齐国际陆港区仓库和集装箱堆场面积变化趋势

资料来源：乌鲁木齐陆港集团调研数据。

再次，陆港区平台建设方面的两个指标在2018年和2019年都呈现增长的趋势，综合保税区开发面积近两年增长明显，2017年为0.6平方千米，2019年增加到1.17平方千米，接近翻了一番。中欧班列目的地（城市）数量每年增加1个城市，这表明陆港区在慢慢扩大自己的"朋友圈"（见图4-9）。

最后，反映陆港区装卸能力的两个指标——装卸线数量和大型装卸机械合计数都大幅增长，装卸线2017年为15条，2018年增加5条，2019年相比2018年增加10条，是2017年的2倍；大型装卸机械数量也呈现类似的涨幅，2018年同比增长55%，2019年同比增长32%，也达到2017年的2倍多。这表明，陆港区高度重视装卸能力提升，在这方面确实投入较多（见图4－10）。

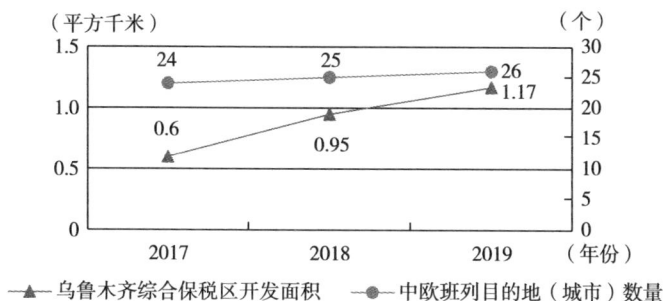

图4－9　乌鲁木齐国际陆港区综合保税区开发面积和中欧班列目的地数量变化趋势

资料来源：乌鲁木齐陆港集团调研数据。

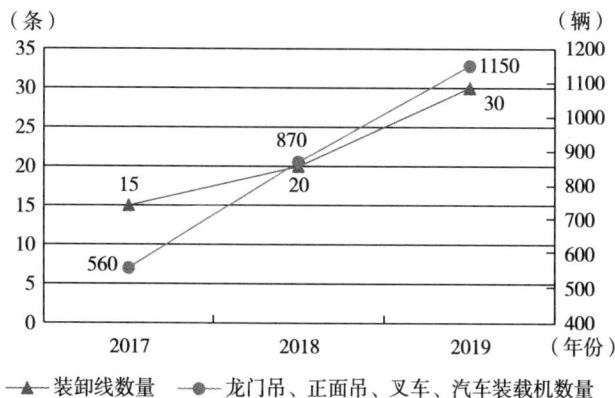

图4－10　乌鲁木齐国际陆港区大型装卸机械数量和装卸线数量变化趋势

资料来源：乌鲁木齐陆港集团调研数据。

2. 乌鲁木齐国际陆港区物流业发展水平

物流产业被认为是国民经济的动脉和基础产业，陆港区物流产业发达与否直接决定了陆港区现代化程度和实力水平。图4－11报告了近三年乌鲁木齐国际陆港区物流业发展变化趋势。由图4-11可见，乌鲁木齐国际陆港区物流业发展增势明显：2018年同比增加了37.4%，2019年继续保持两位数增长，同比增加17%，达到161.1。具体来看，三个分类指数都有较大幅度的增长，增速由快到慢依次是陆港区（设计）年吞吐量、陆港区物流业发展规模、承运人服务水平，2019年对应指数分别为200、161.1和122.2（见图4-12）。

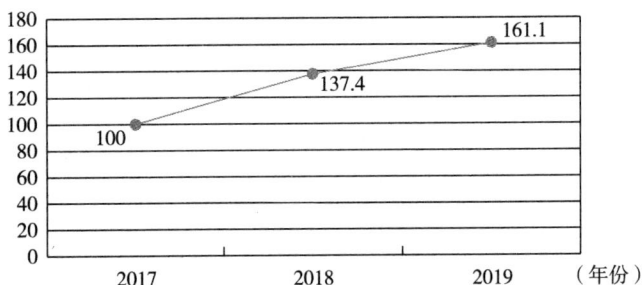

图4-11　乌鲁木齐国际陆港区物流业发展指数变化趋势

资料来源：笔者根据前文测算方法计算得来，原始数据来源详见下文各趋势图。

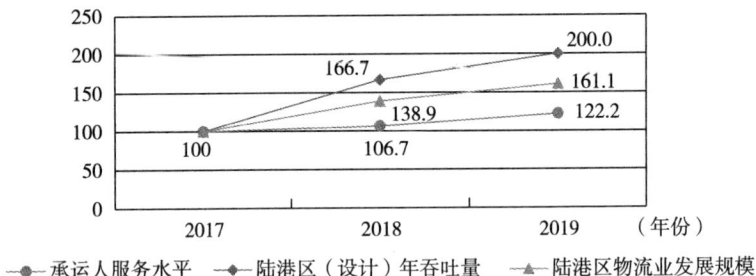

图4-12　乌鲁木齐国际陆港区物流业发展分类指数变化趋势

资料来源：笔者根据前文测算方法计算得来，原始数据来源详见下文各趋势图。

图4-13报告了陆港区承运人服务水平指标的变化趋势。该指标是通过交通运输、仓储和邮政业增加值来间接表示的。从图4-13中可以看出，近三年

承运人服务水平增长较快，2017 年陆港区交通运输、仓储和邮政业增加值为 45 亿元，到 2019 年该值增长到 55 亿元；增长速度也越来越快，2018 年同比增长 6.7%，到 2019 年这一数值增加到 14.6%，增长速度增加了 1 倍多。这表明，乌鲁木齐国际陆港区的商贸物流快速发展，要素流动更加高效便捷，国际陆港区承运人服务水平稳步提高。

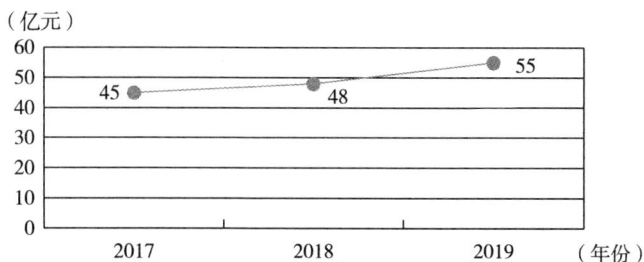

图 4－13　乌鲁木齐国际陆港区物流业增加值变化趋势

资料来源：乌鲁木齐陆港集团调研数据。

图 4－14 报告了陆港区设计年吞吐量的变化趋势。可以发现，近三年中心站设计年吞吐量增长很快。2017 年陆港区中心站设计年吞吐量仅为 30 万标准箱，2019 年比 2017 年翻了一番。这表明，通过加大国际陆港区各方面的投入，陆港区的每年最大处理能力越来越强。

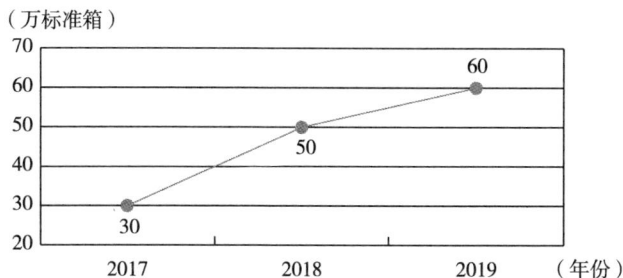

图 4－14　乌鲁木齐国际陆港区中心站设计年吞吐量变化趋势

资料来源：乌鲁木齐陆港集团调研数据。

人力资本和交通运输业固定资产投资是物流业发展的重要基础，图4－15报告了陆港区物流业从业人数和交通运输业固定资产投资变化趋势。从图4－15可见，人力资本和投资数额都有明显的增长。国际陆港区物流从业者在2017年时仅有1.5万人，2018年增加了1万人，到2019年时达到3万人，相比2017年翻了一番，增长迅速。陆港区交通运输业固定资产投资2017年为4.5亿元，2018年增长了11%，达到5亿元，2019年同比增长10%，达到5.5亿元，近年来增长速度均达到两位数。

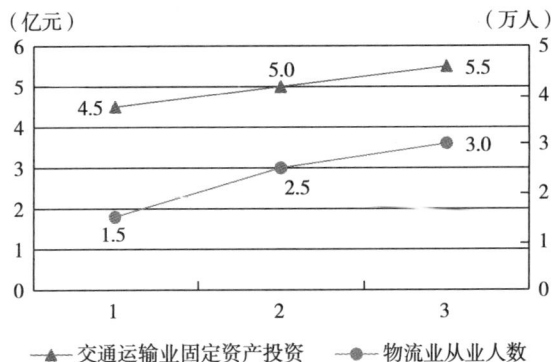

图4－15　乌鲁木齐国际陆港区物流业从业人数和交通运输业固定资产投资变化趋势

资料来源：乌鲁木齐陆港集团调研数据。

3. 乌鲁木齐国际陆港区执行效率水平

陆港区的执行效率直接体现了陆港区的整体运营水平和形象。经过计算可知，近三年陆港区的执行效率有较大幅度的提升，2018年陆港区执行效率指数同比增长17.7%，2019年则同比增长19.5%，达到140.6（见图4－16）。

反映执行效率的两个指标是海关税收总值和开行中欧班列数量。从图4－17可以看出，海关税收总值2017年为0.45亿元，2018年同比增长11%，2019年增速更快，同比增长30%达到0.65亿元。开行中欧班列数是对陆港区执行

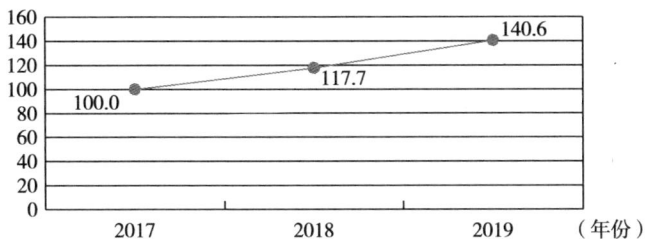

图 4 - 16 乌鲁木齐国际陆港区执行效率指数变化趋势

资料来源：笔者根据前文测算方法计算得来，原始数据来源详见下文各趋势图。

效率较综合的反映，2017 年陆港区开行的中欧班列数是 806 列，2018 年比 2017 年增加了 196 列，同比增长 24.3%，越过千列大关，2019 年依然保持了较好的增速，比上年增长了 10%，达 1102 列。综合这两个指标，陆港区的执行效率水平在近几年得到了非常明显的提升。

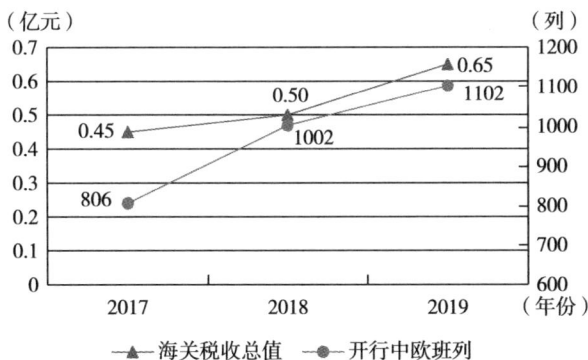

图 4 - 17 乌鲁木齐国际陆港区海关税收总值和开行中欧班列数量变化趋势

资料来源：海关税收数据来源于乌鲁木齐陆港集团调研数据；开行中欧班列数来自乌鲁木齐政府官网。

4. 乌鲁木齐国际陆港区产业发展水平

乌鲁木齐国际陆港区高质量发展的重要基础就是产业发展水平，产业结构和产业的创新水平对陆港区的发展至关重要。经过计算可知，乌鲁木齐国际陆港区产业发展水平近几年呈现增长的态势，2018 年产业发展指数为 106.6，2019 年同比增长 9%，达到 116.4（见图 4 – 18）。

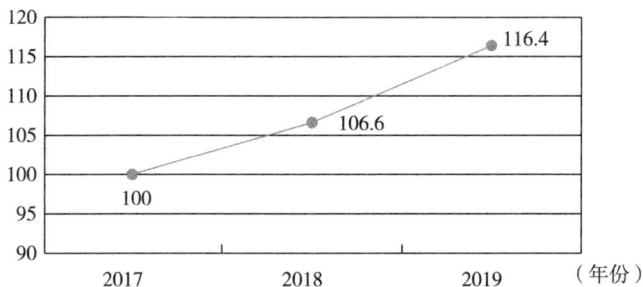

图 4 – 18　乌鲁木齐国际陆港区产业发展指数变化趋势

资料来源：笔者根据前文测算方法计算得来，原始数据来源详见下文各趋势图。

生产性服务业是为保持工业生产过程的连续性，促进工业技术进步、产业升级和提高生产效率提供保障服务的服务行业。生产性服务业对促进产业结构调整升级有重要意义。国际陆港区生产性服务业占比近几年呈现增长趋势，2017 年为 55%，2018 年同比增长 9%，2019 年同比增长 8% 达到 65%（见图 4 – 19）。科技和创新是发展的重要内在推动力，高新技术企业是知识密集、技术密集的经济实体，对陆港区的高质量发展提供根本动力。国际陆港区高新技术企业占比 2017 年为 48%，2018 年增加 2 个百分点，2019 年同比增加 10%，达到 55%（见图 4 – 19），也就是说，陆港区企业中有一半以上是高新技术企业，这将为未来陆港区的高质量发展提供巨大动力。

三、乌鲁木齐国际陆港区外部发展指数趋势

从乌鲁木齐国际陆港区外部发展情况来看，乌鲁木齐地区的发展呈现增长

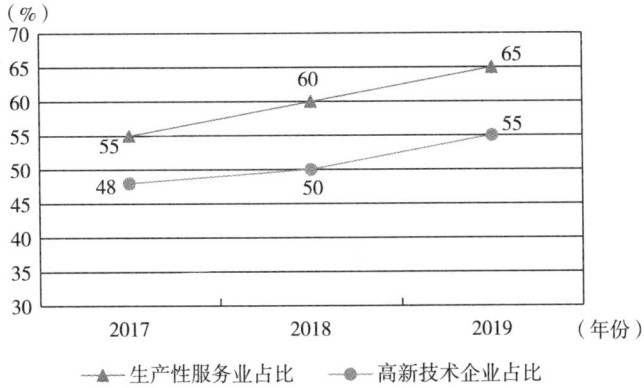

图 4 - 19 乌鲁木齐国际陆港区生产性服务业占比和高新技术企业占比变化趋势

资料来源：乌鲁木齐陆港集团调研数据。

趋势，但是增速缓慢。经过计算可知，2018 年乌鲁木齐国际陆港区外部发展指数为 104.1，2019 年增速下降，同比增长 3%，达到 107.2（见图 4 - 20），和乌鲁木齐国际陆港区内部发展指数相比有较大差距。

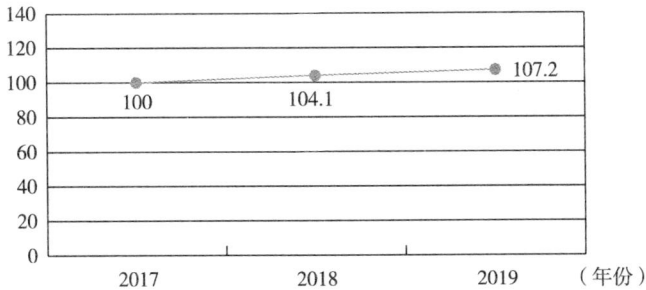

图 4 - 20 乌鲁木齐国际陆港区外部环境发展指数变化趋势

资料来源：笔者根据前文测算方法计算得来，原始数据来源详见下文各趋势图。

具体来看，乌鲁木齐经济发展水平和交通基础设施发展水平呈增长趋势，而开放发展水平则微弱下降。其中，交通基础设施发展水平增速最高，2018年增加8.9%，2019年同比增加6.3%，达到115.8；经济发展水平2018年增加5.2%，2019年同比增加3.7%，为109.1；开放发展水平2018年下降1.7%，2019年继续下降，下降到96.8（见图4-21）。

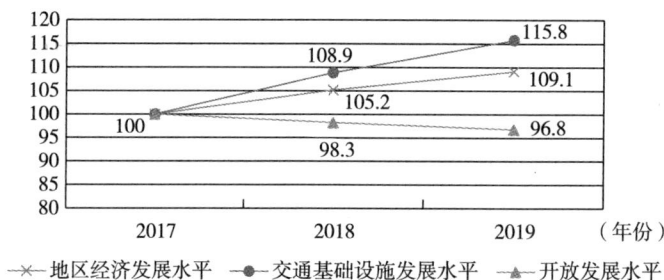

图4-21 乌鲁木齐国际陆港区外部环境发展分类指数变化趋势

资料来源：笔者根据前文测算方法计算得来，原始数据来源详见下文各趋势图。

1. 乌鲁木齐地区经济发展水平

图4-22报告了乌鲁木齐地区2017~2019年国民经济水平变化趋势。从图中可以看出，近三年乌鲁木齐国民经济呈较高速增长态势，地区生产总值由2017年的2730.65亿元增长到2019年的3413.26亿元，虽然实际增长速度由2017年的8.1%下降到了2019年的6.5%，但是均高于中国同期GDP增长速度（2017年6.9%，2018年6.6%，2019年6.1%）。这表明，乌鲁木齐的经济发展势头依然强劲。

图4-23报告了乌鲁木齐地区2017~2019年工业基础变化情况。从图中可以看出，近三年乌鲁木齐工业增加值名义值是先增加，到2019年时与2018年基本持平。虽然如此，按照可比价格计算近三年工业增加值是持续增加的，只是增速下降较快：2017年工业增加值相比2016年增长率为8.4%，高于同期GDP的增长速度，但是到了2018年，该数值下降到2.5%，2019年增长速

度更是下降到 0.9%，微涨。这是乌鲁木齐近年来持续推进传统产业转型升级的结果。2019 年，乌鲁木齐市继续调整优化产业结构，大力发展高新技术产业，高新技术产业、战略性新兴产业对规模以上企业工业增长贡献份额达到 70% 以上，工业质量逐步提升。

图 4－22　乌鲁木齐地区生产总值和国民经济水平指数变化趋势

资料来源：《2019 年乌鲁木齐市国民经济和社会发展统计公报》。需要注意的是，地区生产总值是当年的名义值，而国民经济水平是根据可比价格计算得来的。

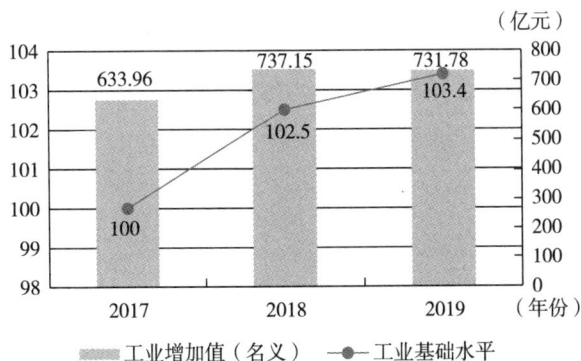

图 4－23　乌鲁木齐工业增加值和工业基础水平指数变化趋势

资料来源：《2019 年乌鲁木齐市国民经济和社会发展统计公报》。需要注意的是，工业增加值是当年的名义值，而工业基础水平是根据可比价格计算得来的。

2. 乌鲁木齐交通基础设施发展水平

基础设施是完善城市功能的重要支撑，是城市安全高效运行的基本保障。经过计算可知，乌鲁木齐交通基础设施发展水平近三年呈现增长趋势，2018 年同比增长 8.9%，2019 年依然保持增长，同比增长 5.6%，对应指数达到 115.8（见图 4 - 24）。这表明，乌鲁木齐在交通基础设施方面投入较大。

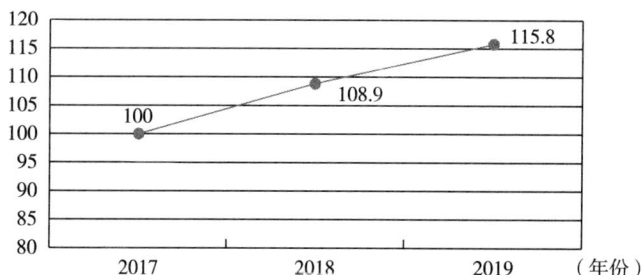

图 4 - 24 乌鲁木齐交通基础设施发展指数变化趋势

资料来源：笔者根据前文测算方法计算得来，原始数据来源详见下文各趋势图。

图 4 - 25 呈现的是以机场吞吐量来表示的乌鲁木齐航空交通条件变化趋势，从图中不难看出，近几年乌鲁木齐机场吞吐量逐年增加。继 2016 年乌鲁木齐机场旅客吞吐量首次突破 2000 万人次，跻身国内 2000 万人次航空俱乐部之后，2017 ~ 2019 年乌鲁木齐机场吞吐量继续增加，2017 年增加 6.43% 到 2150 万人次，2018 年继续攀升，增加 7.11% 至 2302.77 万人次。2019 年增速有所下降，但是依然增长了 4.06%，吞吐量接近 2400 万人次。乌鲁木齐国际机场已成为连接东亚和中亚、西亚地区以及欧洲之间航空客货流的核心国际航空枢纽和"丝绸之路经济带"上的重要航空枢纽。这与新疆维吾尔自治区和乌鲁木齐市委对航空基础设施建设高度重视息息相关。2018 年 11 月 13 日，国家发展改革委批复了关于乌鲁木齐机场改扩建工程可行性研究报告，同意实施

乌鲁木齐机场改扩建工程。随着机场改扩建的进行，乌鲁木齐的航空交通条件将进一步提升。

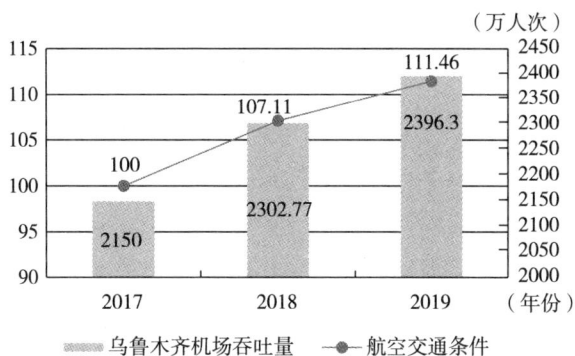

图 4 - 25 乌鲁木齐机场吞吐量和航空交通条件变化趋势

资料来源：乌鲁木齐人民政府官网新闻。

图 4 - 26 反映的是以年末境内高速公路里程数表示的乌鲁木齐公路交通条件变化趋势。该数据衡量了境内专供汽车高速行驶的公路，是反映公路交通条件高级化的一个重要指标。从图中可以看出，乌鲁木齐近三年的境内高速公路里程数只在 2019 年有增加。2017 年和 2018 年均为 270 千米，这表明高速公路里程数没有净增加，2019 年稍微有些增长，比 2018 年增加了 7 千米达到 277 千米，该数据也创了历史新高。这表明，乌鲁木齐的公路交通条件相对于其他交通条件要差一些。

乌鲁木齐的铁路交通条件有了较明显的提高。从图 4 - 27 可以看出，乌鲁木齐近三年的铁路货运量持续增长，而且增速均保持在两位数，2018 年和 2019 年的增长率分别为 13.7% 和 15.6%，对应指数从 2017 年的 100 增长到 2019 年的 126.9。这表明，铁路在要素的流动中发挥了较大的作用。

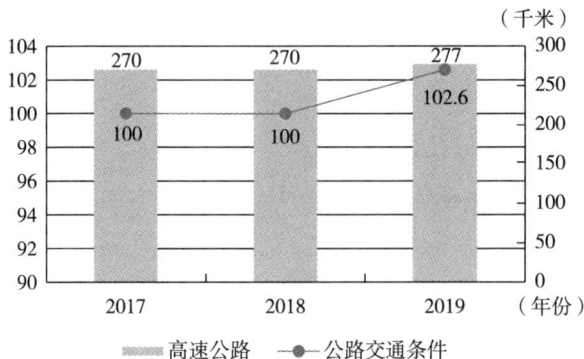

图 4 - 26 乌鲁木齐高速公路里程数和公路交通条件变化趋势

资料来源：2017 年、2018 年、2019 年《乌鲁木齐市国民经济和社会发展统计公报》。

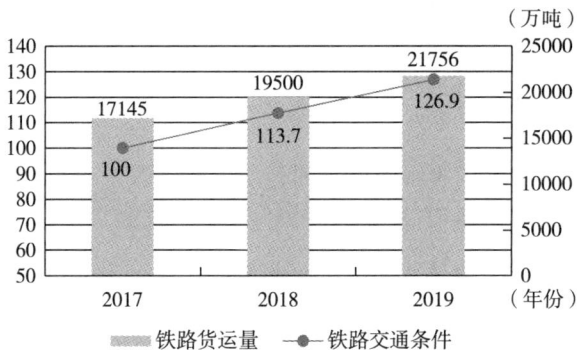

图 4 - 27 乌鲁木齐铁路货运量和铁路交通条件变化趋势

资料来源：2017 年和 2018 年数据来源于《乌鲁木齐统计年鉴 2019》——交通运输、邮电通信业，2019 年数据根据 2016 ~ 2018 年数据进行线性趋势估算得来。

图 4 - 28 报告了乌鲁木齐地区运输量规模的变化趋势，该指标是以地区全社会货运总量和全年货运周转量来衡量。全社会货运总量一般是指在一定时期内，各种运输工具实际运送的货物重量，可以从一个方面反映城市货运能力与货物运输活跃程度。从图中可以看出，近三年乌鲁木齐地区的全社会货运总量

持续增长，从 2017 年的接近 20000 万吨增长到 2019 年的 25844.8 万吨，每年的增长速度均超过 10%。而全年货运周转量在 2017 年为 356.81 亿吨千米，2018 年增长 13.4%，2019 年增速下滑，同比增长仅 0.5%，为 406.34 亿吨千米。综合来看，这表明乌鲁木齐的现代综合交通运输体系建设取得了较明显的成效，有力地支撑了要素的高效流动。

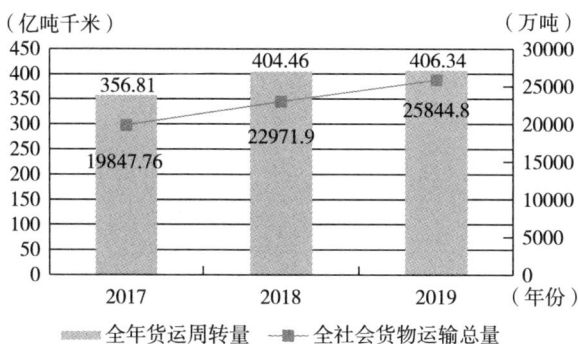

图 4-28　乌鲁木齐全年货运周转量和全社会货物运输总量变化趋势

资料来源：2017 年和 2018 年数据来源于《乌鲁木齐统计年鉴 2019》——交通运输、邮电通信业，2019 年数据根据 2016~2018 年数据进行线性趋势估算得来。

3. 乌鲁木齐开放发展水平

受国际环境的影响，乌鲁木齐开放发展指数近几年持续下降。从图 4-29 可以看出，2018 年乌鲁木齐开放发展指数出现微弱下降，相比 2017 年下降了 1.7%，2019 年进一步下降到 96.8。从具体指数来看，流入乌鲁木齐的人口持续增长，但是贸易开放指数和资本开放指数均呈现下降趋势。

人口是经济发展重要的资本，图 4-30 呈现了近三年乌鲁木齐流动人口数量的变化趋势。从图中可见，流动人口逐年增加，而且增加幅度越来越大，2018 年比 2017 年增加了 4000 人，2019 年增加了 35000 人，对应流动人口指数为103.9。这表明，乌鲁木齐的人口吸引力较强，近几年吸引了不少人流入。

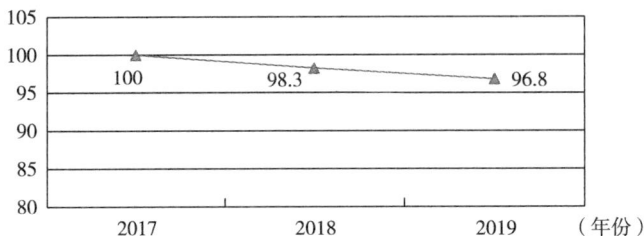

图4-29 乌鲁木齐开放发展指数变化趋势

资料来源：笔者根据前文测算方法计算得来，原始数据来源详见下文各趋势图。

图4-30 乌鲁木齐流动人口数量和流动人口指数变化趋势

资料来源：流动人口等于常住人口减去户籍人口，常住人口数据来源于乌鲁木齐市2017年、2018年、2019年《国民经济和社会发展统计公报》，户籍人口2017年和2018年数据来自于《乌鲁木齐统计年鉴2019》，2019年户籍人口以2017年和2018年为基础估算得到。

图4-31报告了乌鲁木齐贸易开放指标的变化趋势。贸易开放是用对外贸易依存度（当年进出口总额占国内生产总值的比重）来表示的，该指标是衡

量一个国家或地区国民经济对外贸易依赖程度的重要指标。从图 4－31 中可知，可能由于世界经济复苏进程比较缓慢，近三年乌鲁木齐地区的对外贸易依存度呈现下降的趋势。这与中国整体情况相似（中国 2017 年为 33.45%，2018 年为 33.35%，2019 年为 31.92%）①。这表明，国际金融危机对乌鲁木齐乃至整个中国的贸易开放产生的影响仍未完全消除，再加上始于 2017 年的中美贸易摩擦愈演愈烈，使对外贸易发展面临更加严峻的外部挑战。但是我们可以看到，相比中国的整体情况，乌鲁木齐的贸易开放程度还相对较低，还有较大的上升空间。

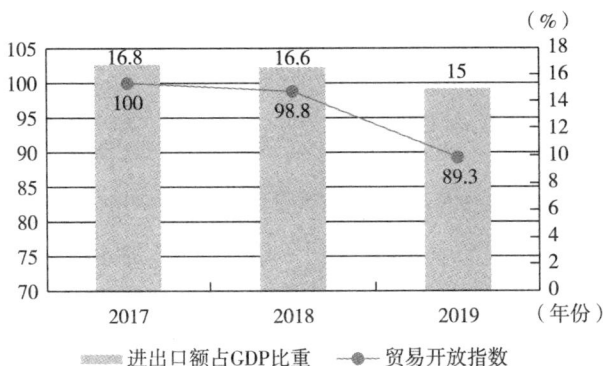

图 4－31　乌鲁木齐进出口额占 GDP 比重和贸易开放指数变化趋势

资料来源：《2019 年乌鲁木齐市国民经济和社会发展统计公报》《乌鲁木齐统计年鉴 2018》《乌鲁木齐统计年鉴 2019》，平均汇率来自国家统计局网站。

图 4－32 报告了乌鲁木齐资本开放指标的变化趋势。该指标是以外商投资企业数量来衡量。从图中可以看出，近三年乌鲁木齐地区该指标变动不大，整体来看略有下降。虽然 2018 年外商投资企业数量减少了 6 家，但 2019 年又增

---

①　资料来源：国家统计局。

加到 145 家。这表明，可能由于外部环境变动，乌鲁木齐资本开放水平近几年没有较大进展，处在较低水平，未来需要在资本开放方面取得突破。笔者预计，随着国家"一带一路"建设的加快，乌鲁木齐"走出去""引进来"规模将会出现较快增长，乌鲁木齐的整体对外开放程度未来会有所改善。

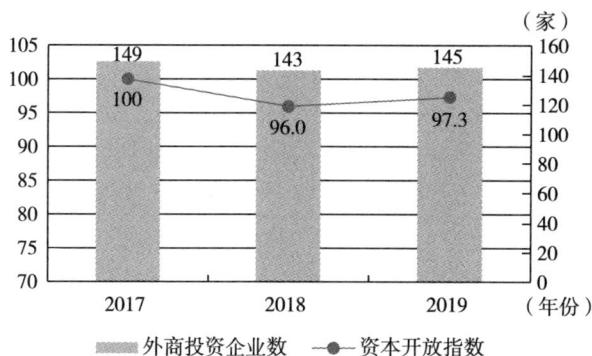

图 4 – 32　乌鲁木齐外商投资企业数和资本开放指数变化趋势

资料来源：《2019 年乌鲁木齐市国民经济和社会发展统计公报》《乌鲁木齐统计年鉴 2018》《乌鲁木齐统计年鉴 2019》。

第五章　乌鲁木齐国际陆港区与
其他区域比较分析

在介绍了国际陆港区的高质量发展评价指数构建和相应结果分析的基础上，本章试图进行横向比较分析。本书不仅要了解纵向上乌鲁木齐国际陆港区的高质量发展趋势，还要看看与其他地区的陆港区相比，乌鲁木齐国际陆港区处在什么样的位置。本书基于区位、经济发展水平等因素选取了西安、成都、郑州这几个地区的陆港区和乌鲁木齐陆港区做比较，首先对规划面积、经济发展水平等指标进行分析，其次在专家打分的基础上采用层次分析法和模糊评价法对各陆港区进行综合评价。

第一节　各地区基本情况的比较分析

一、陆港区规划面积比较

规划面积在一定程度上反映了国际陆港的潜在规模，是基础设施的一个重要指标。图 5 - 1 呈现了四地陆港区的规划面积，由图可知，西安国际陆港区的规划面积最大，达到 89.89 平方千米，约为乌鲁木齐国际陆港区的 1.34 倍。郑州国际陆港区占地 5.78 平方千米，是四个地区中陆港区占地面积最小的一个。仅从规划面积来看，乌鲁木齐国际陆港区在这四个陆港区中很有竞争力，其土地资源优势得到了充分展现。

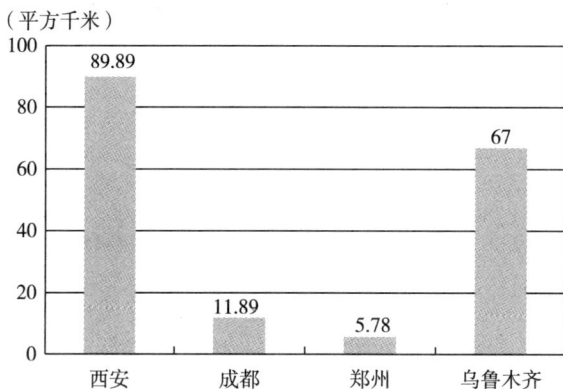

图 5 - 1 四地陆港区规划面积比较

资料来源：西安国际陆港区官网、郑州国际陆港区官网、http://gywb.gyscw.com/gyzx/202008/24274.html 等。

二、陆港区所在地经济发展比较

1. 国民经济水平

从图 5 - 2 可以看到，乌鲁木齐 2019 年国内生产总值为 3413.26 亿元，但由于不同地区人口数、区划面积等有差异，不宜直接比较，因此本书又列示了国内生产总值的实际增长率以及各地人均国内生产总值及增长率（见图 5 - 3）。

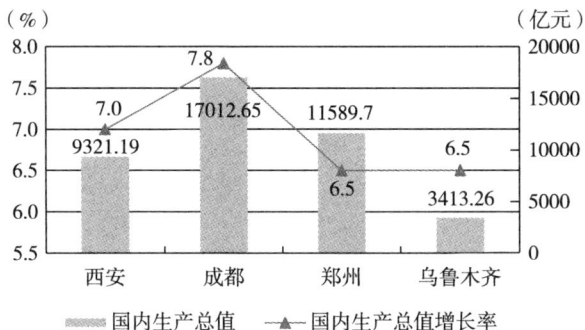

图 5 - 2　四地 2019 年国内生产总值及增长率比较

资料来源：四地 2019 年《国民经济和社会发展统计公报》。

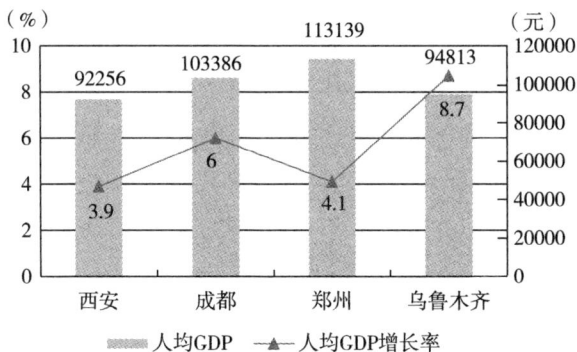

图 5 - 3　四地 2019 年人均 GDP 及增长率比较

资料来源：四地 2019 年《国民经济和社会发展统计公报》。

从图 5 - 2 可知，虽然乌鲁木齐 2019 年国内生产总值增长率高于全国（6.1%），但低于成都和西安，和郑州持平。成都增长最强劲，国内生产总值增长率高达 7.8%，西安为 7.0%。但是从人均 GDP 的角度来看，乌鲁木齐的人均 GDP 排第三位，比西安稍高，和郑州、成都这两个超过 10 万元的城市相比还有些差距（见图 5 - 3）。虽然在生产总值增长率和人均生产总值方面乌鲁木齐并不具备很大优势，但其人均 GDP 增长率却高达 8.7%，位列四个城市人均 GDP 增长率之首，且比第二名的成都高出 2.7 个百分点。新疆是西部大开发的重心区和建设"丝绸之路经济带"的核心区，随着我国西部大开发战略的持续推进，乌鲁木齐在国民经济方面的发展空间巨大。

2. 工业基础水平

工业是国民经济中重要的物质生产部门。没有工业的发展，就不会有国民经济其他部门的进一步发展，而工业的发展规模，最终决定着整个地区国民经济的面貌。鉴于部分城市 2019 年工业增加值增长率没有公布数据，我们选取了四个城市都有数据的规模以上企业工业增加值增长率来进行对比分析。

如图 5-4 所示，成都规模以上企业工业增加值增长率最高，为 7.80%，西安与郑州分别为 6.90%、6.60%，约为乌鲁木齐的 4 倍。虽然乌鲁木齐规模以上企业工业增加值增长率相较而言处于较低水平，但从其近几年来的发展趋势来看，其一直保持稳步增长的态势。综合来看，乌鲁木齐地区的工业发展速度还有较大的提升空间。

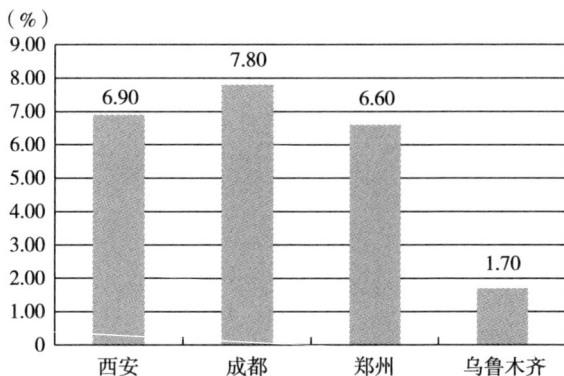

图 5-4 四地 2019 年规模以上企业工业增加值增长率比较

资料来源：四地 2019 年《国民经济和社会发展统计公报》。

3. 交通基础设施水平

基础设施是完善城市功能的重要支撑，是城市安全高效运行的基本保障。我们选取了机场吞吐量及其增长率以及全年货运周转量及其增长率来对这四个城市的交通基础设施水平进行对比分析。

机场吞吐量指标的大小不仅能够代表机场的实力与地位，也代表着机场所在地受游客欢迎程度及其重要程度。在 2019 年各地区机场吞吐量统计数据中，处在"航空第四极"的成都机场吞吐量最高，达到了 5585.9 万人次，西安紧随其后，为 4739.3 万人次。乌鲁木齐机场继 2016 年旅客吞吐量首次突破 2000 万人次，跻身国内 2000 万人次航空俱乐部之后，2017～2019 年吞吐量继续增加，2019 年达到 2396.3 万人次，虽然和郑州的差距最小，但也相差接近 500 万人次。机场吞吐量增长率方面，郑州和西安两个城市机场吞吐量增长率均超过 6%，成都为 5.5%，而乌鲁木齐的增长率稍低一些，为 4.1%（见图 5－5）。

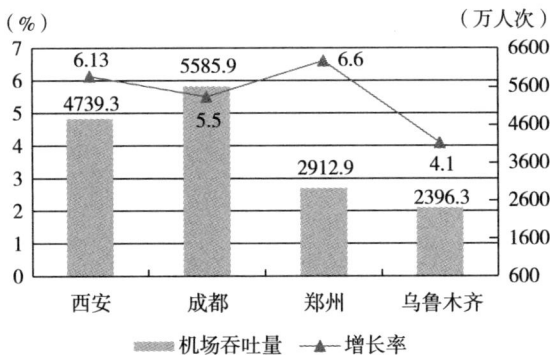

图 5－5　四地 2019 年机场吞吐量及其增长率比较

资料来源：四地 2019 年《国民经济和社会发展统计公报》。

货运周转量是一个地区经济繁荣程度的衡量指标之一，同时也影响着一个地区如何实现资源的有效配置。在全年货运周转量及增长率方面，西安 2019 年货运周转量与上年持平，乌鲁木齐则是微增，同比增长 0.5%。成都同比增长 6.5%，郑州的全年货运周转量增长最快，增长率高达 8.5%（见图 5 - 6）。但从乌鲁木齐国际陆港区所在区位环境方面进行分析，其拥有中欧班列西通道最后一个编组站，兰新铁路贯区而过，形成了立体化综合交通体系，连接东西、通达欧亚，随着乌鲁木齐国际陆港区的发展完善，会给该地区客货运周转总量带来一次新的"冲击"。

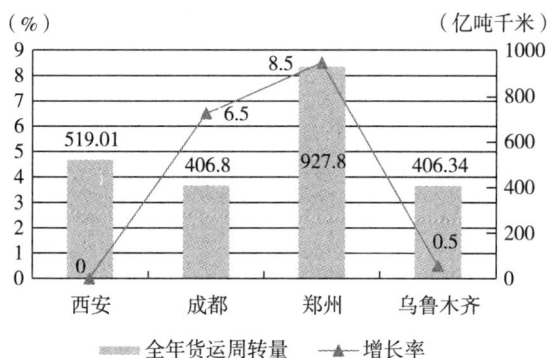

图 5 - 6 四地 2019 年货运周转量及其增长率比较

资料来源：四地 2019 年《国民经济和社会发展统计公报》。

4. 物流业发展水平

交通运输、仓储和邮政业增加值是反映地区物流业发展水平的重要指标。鉴于仅找到 2019 年西安和乌鲁木齐同口径的指标，我们先分析 2018 年西安、郑州和乌鲁木齐该指标的数值。作为中原地区的国家中心城市，郑州 2018 年交通运输、仓储和邮政业增加值为 557.3 亿元，比 2017 年增长 5.7%。乌鲁木齐市该指标增加值为 473.4 亿元，同比增长 15.9%，虽然相比郑州绝对值稍小，但相比西安（357.49 亿元）则高出 100 多亿元，同时增长率也是最快的（见图5-7）。2019年乌鲁木齐的交通运输、仓储和邮政业增加值进一步高速增长，同比增长36.2%。而西安2019年的增长率仅为6.7%。这表明乌鲁木齐的物流发展水平横向上看发展势头强劲。

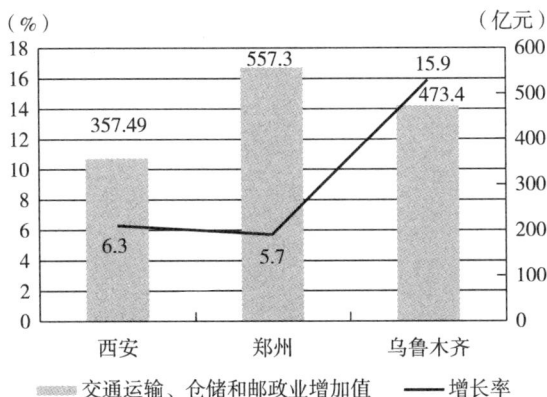

图5-7　三地2018年货运周转量及其增长率比较

资料来源：三地2018年《国民经济和社会发展统计公报》。

5. 人力资本

图5-8显示了各地区常住人口数量及其增长率，从中可知，成都、郑州和西安均为"千万人口"级城市，其中成都的人口最多，达1658.1万人。从常住人口增长率看，郑州和西安两个城市增长较快，常住人口增长率分别为2.13%和2%，乌鲁木齐常住人口2018年为350.58万人，2019年为355.2万人，增长率为1.32%，常住人口保持小幅增长的趋势，但增长率低于其他三个城市。伴随着知识经济的到来，人力资本越发成为各地区竞相争夺的宝贵资源，单从人力资本方面来看，乌鲁木齐还有很大的发展空间。

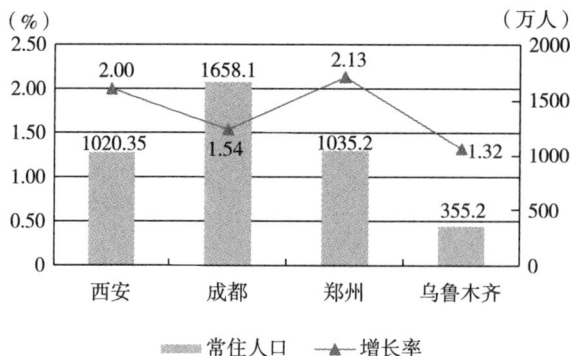

图 5 - 8　四地 2019 年常住人口及其增长率比较

资料来源：四地 2019 年《国民经济和社会发展统计公报》。

6. 贸易开放水平

如图 5 - 9 所示，乌鲁木齐进出口额占 GDP 的比重为 15.02%，其中货物出口额为 334.3 亿元，约为货物进口额（178.2 亿元）的两倍，对外贸易以出口为主。西安、成都、郑州的进出口额占 GDP 比重均在 34% 以上，说明这三个城市的经济活动中，对外贸易占了非常大的比重。乌鲁木齐的进出口额占 GDP 比重还不到其他三个城市平均值的一半，由此可见，乌鲁木齐国际陆港区在对外贸易上还有很大的发展空间。

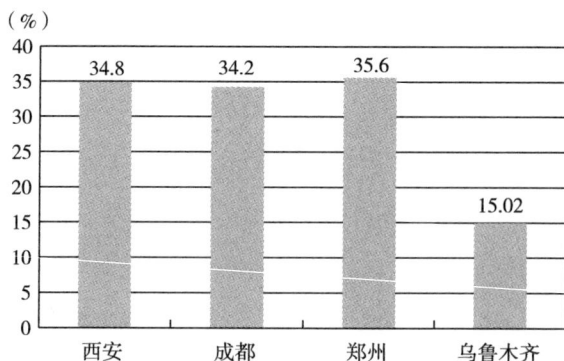

图 5 - 9　四地 2019 年进出口额占 GDP 比重比较

资料来源：四地 2019 年《国民经济和社会发展统计公报》。

从地理位置来看，乌鲁木齐地处亚欧大陆腹地和亚欧大陆桥的中间地带，是古代丝绸之路上的重要交通要道，是我国连接欧洲经济体和世界最大新兴经济体俄罗斯的枢纽城市和战略要津，其在中国和"一带一路"建设中的独特地理位置及历史地标产生的核心作用是其他城市无法取代的。因此，乌鲁木齐的对外贸易发展前景广阔。

7. 资本开放水平

实际利用外资是指该地区在与外商签订合同后，实际收到的外资款项。外资是加快地区经济发展的"催化剂"，合理引进外资是乌鲁木齐地区经济工作的一个重点。

在对四个城市的比较中发现（见图 5-11），不同城市实际利用外资金额相差较大，资本开放程度较高的城市——成都，其实际利用外资金额以 544 亿美元远远超过其他三个城市，而乌鲁木齐市的实际利用外资金额虽然增长率高达 180%，但数额仅为 665 万美元。相应地，这种差距在 2019 年新批准设立外商投资企业数方面也有相应的呈现，成都以 578 家遥遥领先，其次是郑州有 85 家，而乌鲁木齐仅有 13 家，这是导致乌鲁木齐利用外资金额较少的直接原因（见图 5-10，2019 年西安市国民经济和社会发展统计公报中新批准设立外商投资企业数数据缺失）。实际上，乌鲁木齐 2013~2016 年的四年间，实际利用外资金额保持在 2 亿美元以上，2015 年更是达到 2.87 亿美元的历史高峰，可能是由于这四年间对外招商引资项目趋于饱和，使 2017 年及之后利用外资金额出现大幅波动的情况。

综上所述，乌鲁木齐国际陆港区在陆港区规划面积方面排名第二，有较大的优势；外部发展环境方面，除了人均国内生产总值增长速度排名第一外，交通运输、仓储和邮政业增加值也保持高速增长，其他如工业基础水平、交通基础条件、人力资本、贸易开放以及资本开放等方面与其他三个城市均有一定差距，尤其是对外贸易方面，进出口额占 GDP 比重不到其他城市的 1/2，差距巨大。本节是对陆港区所在地的外部环境的分析，下面采用层次分析法和模糊评价法对各陆港区进行综合评价。

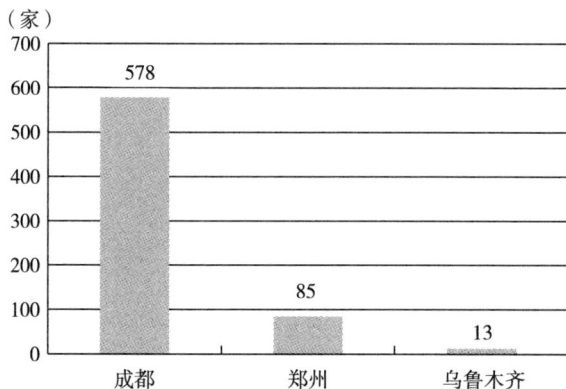

图 5 - 10　三地 2019 年新批准设立外商投资企业数比较

资料来源：三地 2019 年《国民经济和社会发展统计公报》。

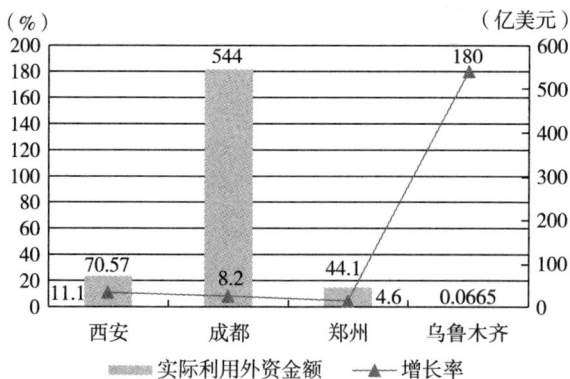

图 5 - 11　四地 2019 年实际利用外资金额及其增长率比较

资料来源：四地 2019 年《国民经济和社会发展统计公报》。

第二节　国际陆港区发展水平横向比较

一、评价模型的选择

（一）层次分析法

1. 层次分析法简介

层次分析法（The Analytic Hierarchy Process，AHP）在 20 世纪 70 年代中期由美国运筹学家托马斯·塞蒂（T. L. Saaty）正式提出。它是一种定性和定量相结合的系统化、层次化的分析方法。该方法把复杂问题中的各种因素，通过划分为相互联系的有序层次，使之条理化，并根据一定的客观现实的判断，就每一层次的元素相对重要性给予定量表示，并利用数学方法确定全部要素的相对重要性次序（权重），从而帮助人们更好地进行评价与决策。其应用已遍及经济计划和管理、能源政策和分配、行为科学、军事指挥、运输、农业、教育、人才、医疗和环境等领域，并取得了令人满意的成果。

在进行系统分析时，有些问题难以甚至根本不可能建立数学模型进行定量分析；也可能由于时间紧迫，对有些问题还来不及进行过细的定量分析，只需做出初步的选择和大致的判断。针对以上情况，应用 AHP 方法进行分析，就可以简便而迅速地解决问题。

2. 层次分析法基本原理

层次分析法根据问题的性质和要达到的总目标，将问题分解为不同的组成因素，并按照因素间的相互关联影响以及隶属关系将因素按不同层次聚集组合，形成一个多层次的分析结构模型，从而最终使问题归结为最低层（供决策的方案、措施等）相对于最高层（总目标）的相对重要权值的确定或相对优劣次序的排定。

一个事实：如果知道 n 个西瓜总重量为 1，每个西瓜的重量为 w_1，w_2，$\cdots$，w_n，这些西瓜两两比较（相除），可以得到表示 N 个西瓜相对重量关系的比较矩阵（判断矩阵）：

$$A = \begin{bmatrix} \dfrac{w_1}{w_1} & \dfrac{w_1}{w_2} & \cdots & \dfrac{w_1}{w_n} \\ \dfrac{w_2}{w_1} & \dfrac{w_2}{w_2} & \cdots & \dfrac{w_2}{w_n} \\ \vdots & \vdots & & \vdots \\ \dfrac{w_n}{w_1} & \dfrac{w_n}{w_2} & \cdots & \dfrac{w_n}{w_n} \end{bmatrix} = \left(a_{ij} \right)_{n \times n}$$

从矩阵 A 可以看出：

$$a_{ii} = 1, \quad a_{ij} = \frac{1}{a_{ji}}, \quad a_{ij} = \frac{a_{ik}}{a_{jk}} \, (i, \, j, \, k = 1, \, 2, \, \cdots, \, n)$$

由于 $AW = \lambda W$，λ 对应 A 矩阵的特征根，W 对应 A 矩阵的特征向量，W 代表每个西瓜重量，此时 N 代表西瓜的个数或矩阵的阶数。

假如不知道每个西瓜的重量 W，但通过某种手段，设法知道每两个西瓜的相对比较重量，即构造出判断矩阵 A，因为 A 矩阵满足完全一致性要求时，或 A 具有较满意的一致性要求时，$\lambda_{\max} \approx n$，其余特征根接近于零。

利用 $AW = nW$，可求出正规化特征向量 W，即得到西瓜的相对重量（权重）。

同理，对于复杂的社会、经济、技术等评价与决策问题，利用上述反命题的设想，根据评价或决策的总目标和影响因素，构造出各影响因素的比较矩阵，并按照一定原则排序，求出各自（方案、过程）的权重，为决策者提供决策依据。

3. 层次分析法基本流程

层次分析法的基本流程如图 5 – 12 所示。

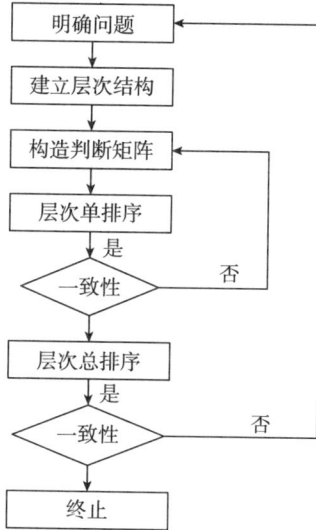

图 5 – 12　层次分析法的基本流程

（1）明确问题。既要了解决策者对决策问题的意图，又要了解 AHP 要得到的目标。通常要运用专家访谈、头脑风暴、专家咨询等方法找到影响因素，然后对影响系统目标的各种因素进行分组，按最高层、若干中间层和最低层排列起来。

● 最高层：表示要解决问题的目的，即 AHP 要达到的目标。

● 中间层：表示采用某种措施、政策来实现预定目标所涉及的中间环节，一般分为策略层、约束层、准则层等。

● 最低层：表示解决问题的措施、政策和方案。

（2）建立层次结构，画出层次结构模型图。建立层次结构就是标明上一层因素和下一层因素之间的联系。如果某个因素与下一层次所有因素均有联系，那么称这个因素与下一层次存在完全层次关系，并用连线画出。有时存在不完全层次关系，即某个因素只与下一层次的部分因素有联系。层次之间可以建立子层次。子层次从属于主层次的某个因素，它的因素与下一层次的因素有联系，但不形成独立层次。层次结构模型往往用结构模型图表示。

（3）构造判断矩阵。构造判断矩阵就是人们给出每一层次各要素之间的相对重要性，换句话说，即针对上一层次某元素，本层次有关元素之间的相对重要性。假如 A 层中某个元素 A_k 与下一层中元素 B_1，B_2，$\cdots$，B_n 有联系，可构造如下判断矩阵（见表 5-1）。

表 5-1　判断矩阵

A_k	B_1	B_2	B_3	$\cdots$	B_n
B_1	b_{11}	b_{12}	b_{13}	$\cdots$	b_{1n}
B_2	b_{21}	b_{22}	b_{23}	$\cdots$	b_{2n}
B_3	b_{31}	b_{32}	b_{33}	$\cdots$	b_{3n}
$\vdots$	$\vdots$	$\vdots$	$\vdots$		$\vdots$
B_n	b_{n1}	b_{n2}	b_{n3}	$\cdots$	b_{nn}

b_{ij} 取值是相对于 A_k 而言的，以 b_i 对 b_j 相对重要性数值表示，通常取 1、3、5、7、9 以及它们的倒数。

$b_{ij}=1$ 表示 b_i 与 b_j 一样重要；

$b_{ij}=3$ 表示 b_i 比 b_j 重要一些；

$b_{ij}=5$ 表示 b_i 比 b_j 重要；

$b_{ij}=7$ 表示 b_i 比 b_j 重要得多；

$b_{ij}=9$ 表示 b_i 比 b_j 极其重要。

当然，可插入 2、4、6、8 以及它们的倒数。任何判断矩阵都应满足：

$$b_{ii}=1,\ b_{ij}=\frac{1}{b_{ji}}$$

（4）层次单排序。所谓层次单排序，就是确定某一层次各因素对上一层次某因素的影响程度，并依次排出顺序。进行层次单排序，可以根据矩阵理论，通过数学方法求出判断矩阵的特征根和特征向量，此特征向量即权重值，也就是单排序结果。

层次单排序可以归结为计算判断矩阵 B 的特征根和特征向量问题，计算满足 $BW = \lambda_{max} W$ 的特征根与特征向量，式中 λ_{max} 为 B 的最大特征根，W 为对应于 λ_{max} 的正规化特征向量，W 的分量 W_1 即相应因素单排序的权值。为了检验矩阵的一致性，需要计算它的一致性指标 C_I，定义 $C_I = \dfrac{\lambda_{max} - n}{n-1}$。

当判断矩阵具有完全一致性时，$C_I = 0$。$\lambda_{max} - n$ 越大，C_I 越大，矩阵的一致性越差。为了检验判断矩阵是否具有满意的一致性，需要将 C_I 与平均随机一致性指标 R_I 进行比较。对于 $1 \sim 9$ 阶矩阵，R_I 值如表 5-2 所示。

表 5-2　不同阶数下 R_I 值

阶数	1	2	3	4	5	6	7	8	9
R_I	0	0	0.58	0.90	1.12	1.24	1.32	1.41	1.45

用随机性一致性指标 R_I 和 C_I 比较，当 $C_R = \dfrac{C_I}{R_I} < 0.1$ 时，认为矩阵具有满意的一致性，如不满足，则需要调整矩阵 B 元素，重新进行计算。

（5）层次总排序。层次总排序是从上往下，逐层顺序进行，即针对上一层次而言，逐层计算下一层次所有元素重要性的权重。假定上一层次所有因素 A_1，A_2，$\cdots$，A_m 的总排序已完成，得到的权值分别为 a_1，a_2，$\cdots$，a_m，与 a_1 对应的本层次因素 B_1，B_2，$\cdots$，B_n 单排序的结果为 b_1^i，b_2^i，$\cdots$，b_n^i。

对于层次总排序的计算结果，同样需要进行一致性检验，需要计算与层次单排序类似的检验量。

定义：C_{IZ} 为层次总排序的一致性指标；R_{IZ} 为层次总排序的随机一致性指标；C_{RZ} 为满意的层次总排序一致性比例；$C_{IZ} = \sum_{i=1}^{m} a_j CI_{ij}$，$C_{Iij}$ 为 a_j 对应 B 层次判断矩阵的一致性指标；$R_{IZ} = \sum_{i=1}^{m} a_j RI_{ij}$，$RI_{ij}$ 为 a_j 对应 B 层次判断矩阵的随机一致性指标。

当 $C_{RZ} = \dfrac{C_{IZ}}{R_{IZ}} < 0.10$ 时，认为具有满意的一致性，如不满足，重新调整判断矩阵。

4. 层次分析法的意义

AHP 是一种分析多目标、多准则的复杂大系统的有力工具。它具有思路清晰、方法简便、适用面广、系统性强等特点，便于普及推广，可作为人们工作生活中思考问题、解决问题的一种方法，且最适于解决那些难以完全用定量方法进行分析的决策问题。同时，AHP 方法将人们的思维过程和主观判断数学化，不仅简化了系统分析与计算工作，而且有助于决策者保持其思维过程和决策原则的一致性，对于那些难以全部量化处理的复杂社会经济问题，能得到比较满意的决策结果。

（二）模糊综合评价法

1. 模糊综合评价法原理

模糊综合评价法是依托模糊数学隶属度原理，综合定性评价与定量评价，将多指标问题转化为综合指标评价问题的研究方法，适用于受到多种因素共同作用的评价对象。因此，该方法被广泛应用于多指标评价问题。该方法能较好地解决多指标之间具备复杂联系的问题，适合解决非确定性问题。

2. 模糊综合评价法的具体步骤

（1）确定评价对象的指标集。建立评价指标集合，评价指标集合体现了评价对象的各种特征与性质［见式（5－1）］。

$$U = \{u_1, u_2, u_3, \cdots, u_n\} \tag{5-1}$$

其中，n 是评价指标的个数。

（2）确定评价对象的评语集。评语集是评价者对各项指标做出的评价所组成的评语等级的集合。评语等级既可以是定性的，也可以是量化的分值，一般划分为 3~5 个级别［见式（5-2）］。

$$V = \{v_1, v_2, v_3, \cdots, v_q\} \tag{5-2}$$

其中，q 是总的评价结果数。

（3）确定评价指标的权重向量。根据各指标的重要程度，对其赋予相应的权重，产生一个指标体系的权重组合，指标权重对模糊综合评判的最终评价结果会产生很大影响。

（4）单因素模糊评价，构建模糊评价矩阵。单因素模糊评价即综合评语集结果，单独从一个二级指标 u_i 出发进行评价，以确定评价对象对评价集合 V 的隶属程度。二级指标 u_i 对评价对象的刻画是通过模糊矢量 r_i 表现的。r_i 称为单因素评价矩阵。具体做法为：针对一个二级指标构造了等级模糊子集后，从 u_i 上进行量化［见式（5-3）］，并以一级指标为单位构建模糊评价矩阵［见式（5-4）］。

$$r_i = (r_{i1}, r_{i2}, \cdots, r_{iq}) \tag{5-3}$$

$$R = (r_{ij})_{n \times q} = \begin{bmatrix} r_{11} & r_{12} & \cdots & r_{1q} \\ r_{21} & r_{22} & \cdots & r_{2q} \\ \vdots & \vdots & \cdots & \vdots \\ r_{n1} & r_{n2} & \cdots & r_{nq} \end{bmatrix} \tag{5-4}$$

其中，r_{ij} 代表评价对象从二级指标 u_i 来看对 v_j 的隶属度，要求 $0 \leqslant r_{ij} \leqslant 1$。

（5）多指标综合评价。利用合适的模糊合成算子将模糊权重矢量 W 与模糊关系矩阵 R 合成到各被评价对象的模糊综合评价结果矢量 B［见式（5-5）］，常见的算子有四种，如表 5-3 所示。

$$B = W \circ R = (w_1, w_2, \cdots, w_n) \begin{bmatrix} r_{11} & r_{12} & \cdots & r_{1q} \\ r_{21} & r_{22} & \cdots & r_{2q} \\ \vdots & \vdots & \cdots & \vdots \\ r_{n1} & r_{n2} & \cdots & r_{nq} \end{bmatrix}$$

$$= (b_1, b_2, \cdots, b_q) \tag{5-5}$$

其中，b_j表示被评级对象对v_j的隶属程度。

表 5-3 算子类型及特点

特点	算子			
	$M(\wedge, \vee)$	$M(\cdot, \vee)$	$M(\wedge, \oplus)$	$M(\cdot, \oplus)$
体现权数作用	低	高	低	高
综合程度	低	低	高	高
利用 R 的信息	较少	较少	较多	较少
类型	主因素突出型	主因素突出型	加权平均型	加权平均型

（6）对模糊综合评判结果进行分析。模糊综合评判结果分析包括加权平均法和最大隶属度法，本书采用最大隶属度法。根据最大隶属度法，即取 $b_j =$ max $\{b_1, b_2, b_3, b_4, b_5\}$，则 b_j 所对应的评语等级即评价目标所对应的评语等级。

（三）模糊层次分析法

1. 模糊层次分析法简介

模糊层次分析法是将模糊综合评价法和层次分析法结合起来的组合方法。层次分析法是一种定性与定量相结合的方法，将一个复杂的问题划分为目标、子目标以及方案措施三层结构，然后对不同方案进行两两比较评分，从而解决无法定量分析的问题，最后对各层次进行综合评价，根据得到的相对权重大小排出优劣先后次序。模糊综合评价法属于研究模糊性现象的模糊数学领域。利用模糊集合的变换原理，在确定了评价因子和因素的评价等级与权值之后用隶属函数描述方案的得分来量化指标实测值，从而构造模糊矩阵，进行多层次的复合运算，最终确定评价对象的等级。该方法可使带有主观色彩的结果更加符合实际。

通常情况下，在一般问题的层次分析中，构造判断矩阵时不会考虑到人为判断的模糊性，只会使用 1~9 间的整数及其倒数作为构造判断矩阵的标度。当需要评价的因素比较多时，专家的工作量很大，容易引起专家的反感或是判断混乱。而且专家对有些问题给出的评价往往是一些模糊量，因素的类属之间也可能具有不清晰性，层次分析法无法单单凭借 1~9 标度将评价语言的模糊性较好地表现出来，其中涉及的人为主观因素对评价结果造成较大影响。所以要引进模糊数学，解决综合评价中的模糊性问题，尽可能地减少人为因素，改进传统层次分析法存在的问题。

模糊层次分析法将模糊综合评价法的包容性和层次分析法的客观性与定量性有机结合，降低了主观影响程度，更全面地考虑各个因素，将专家意见更好地融合到决策过程中。

模糊层次分析法的基本步骤如下：

（1）确定问题中各个因素之间的因果关系，从而建立多层次的递阶结构模型。

（2）以上一层的元素为准则，对同一层次的不同元素进行两两比较，得出一定评价尺度下各个元素之间的相对重要程度，从而构造出模糊判断矩阵。

（3）通过相应的计算得出各个元素的相对重要程度。

（4）计算综合重要度。

2. 模型构建流程

（1）列出层次结构。在确定了各个因素之间的因果关系之后，用层次分析法将所有因素按照隶属关系构建递阶结构模型，自上而下分为目标层、准则层、方案层三个层次，如图 5 - 13 所示。

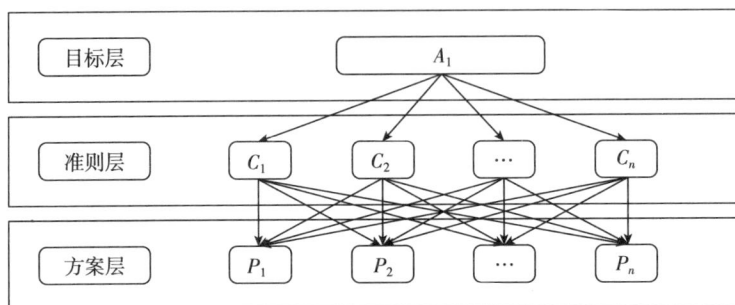

图 5 - 13　模型层次

目标层 A：表示该层次模型中的总目标。

准则层 C_i：C_1，C_2，$\cdots$，C_n 表示影响 A 的 n 个主要因素。

方案层 P_i：P_1，P_2，$\cdots$，P_n 表示 n 种方案。

（2）建立模糊互补判断矩阵 $R = (r_{ij})_{n \times n}$。为了加强客观性，采用德尔菲法对不同层次间的因素进行两两比较，建立判断矩阵。根据层次分析法提出者 T. L. Saaty 的思路建立判断矩阵，从而比较所有本层因素对某一上层因素的相对重要性。

$$假设模糊互补判断矩阵为 A = \begin{bmatrix} a_{11} & a_{12} & \cdots & a_{1n} \\ a_{21} & a_{22} & \cdots & a_{2n} \\ \cdots & \cdots & \cdots & \cdots \\ a_{n1} & a_{n2} & \cdots & a_{nn} \end{bmatrix}$$

其中，模糊互补判断矩阵中的元素 a_{ij} 结合参考 Saaty 的 1 ~ 9 标度法给出，表示确定要素间相对重要度的模糊判断尺度，划分原则如表 5 - 4 所示。

（3）建立模糊一致矩阵 $F = (f_{ij})_{n \times n}$。对模糊互补判断矩阵 $R = (r_{ij})_{n \times n}$ 按行求和，得到：

表 5 - 4 模糊判断标度划分

标度	定义	说明
0.5	同等重要	表示两个元素相比较，同等重要
0.6	稍微重要	表示两个元素相比较，其中一个元素比另一个元素稍微重要
0.7	明显重要	表示两个元素相比较，其中一个元素比另一个元素明显重要
0.8	重要得多	表示两个元素相比较，其中一个元素比另一个元素重要得多
0.9	极端重要	表示两个元素相比较，其中一个元素比另一个元素极端重要
0.1、0.2、0.3、0.4	反比较	若元素 a_i 与元素 a_j 相比较得到判断矩阵 r_{ij}，则元素 a_j 与元素 a_i 相比较得到的判断矩阵为 $r_{ji} = 1 - r_{ij}$

$$r_i = \sum_{k=1}^{n} r_{ik} (i = 1, 2, \cdots, n) \tag{5-6}$$

对式（5-6）进行下列变换：

$$f_{ij} = \frac{r_i - r_j}{2n} + 0.5 \tag{5-7}$$

在模糊一致矩阵 $F = (f_{ij})_{n \times n}$ 中，

当 $f_{ij} = 0.5$ 时，i 元素与 j 元素同等重要；

当 $0 \leqslant f_{ij} < 0.5$ 时，j 元素比 i 元素重要；

当 $0.5 < f_{ij} \leqslant 1$ 时，i 元素比 j 元素重要。

（4）计算单层次指标相对权重。对模糊一致矩阵中元素 f_{ij} 进行如下计算：

$$s_i = \left(\prod_{j=1}^{n} f_{ij} \right)^{\frac{1}{n}} \tag{5-8}$$

$$\overline{s_i} = \frac{s_i}{\sum_{j=1}^{n} s_i} (i = 1, 2, \cdots, n) \tag{5-9}$$

所以，本层次因素（B）对上层因素（A）的重要性排序为：

$$\omega = (\omega_{C1}, \omega_{C2}, \cdots, \omega_{Cn})^T \cdot \omega_o \tag{5-10}$$

比较得到的层次总排序向量中各个数字的大小，最大数字所对应的方案即为最优方案。

二、选取数据

数据的准确性是确保研究结果准确度与客观性的前提条件，本书采取德尔菲法，邀请6位陆港区相关专家对各指标进行打分，将定性指标转化为数值来表达，全面、准确地反映了陆港区的发展状态，既能满足研究要求，又可以客观反映陆港区的情况。

由于单一选择乌鲁木齐陆港区作为评价对象缺乏横向可比性，且不能显示出乌鲁木齐陆港区在我国陆港区中的发展等级，因此本书选取我国发展较好的另外三个陆港区作为乌鲁木齐陆港区的对比参照，同时对四个陆港区进行模糊综合评价，从而明确乌鲁木齐陆港区发展水平的优势及短板，为乌鲁木齐国际陆港区明确发展方向、提升发展效率提供参考依据。

三、指标权重的确定

根据前文建立的评价指标体系，用 U 表示我国陆港区发展水平评价的指标集，从而可得 $U = \{U_1, U_2, U_3, U_4, U_5, U_6, U_7, U_8, U_9, U_{10}\}$，表示子准则层中有 10 个准则。用 U_{ij} 表示指标层，则得到各集合为 $U_1 = \{U_{11}, U_{12}, U_{13}, U_{14}\}$，$U_2 = \{U_{21}, U_{22}, U_{23}, U_{24}\}$，$U_3 = \{U_{31}, U_{32}, U_{33}\}$，$U_4 = \{U_{41}, U_{42}\}$，$U_5 = \{U_{51}, U_{52}, U_{53}\}$，$U_6 = \{U_{61}, U_{62}\}$，$U_7 = \{U_{71}, U_{72}, U_{73}, U_{74}\}$，$U_8 = \{U_{81}, U_{82}\}$，$U_9 = \{U_{91}, U_{92}, U_{93}\}$，$U_{10} = \{U_{101}, U_{102}\}$。具体如表 5-5 所示。

表 5-5 陆港区高质量水平发展因素指标

目标层	准则层	一级指标	二级指标	选用参数
陆港区高质量水平发展评价（R_1）	陆港区内部发展水平 C_1	陆港区基础设施水平（U_1）	陆港区规模（U_{11}）	规划面积/公顷
			陆港区仓储能力（U_{12}）	仓库面积、集装箱堆场面积/平方米
			陆港区平台建设（U_{13}）	中欧班列目的地数量/个
				保税区投入使用面积/亩
			陆港区装卸能力（U_{14}）	大型装卸机械数/辆
				装卸线数量/条

目标层	准则层	一级指标	二级指标	选用参数
陆港区高质量水平发展评价（R_1）	陆港区内部发展水平C_1	陆港区物流业发展水平（U_2）	承运人服务水平（U_{21}）	物流产业增加值（交通运输、仓储和邮政业增加值）/亿元
			陆港区年吞吐量（U_{22}）	中心站设计年吞吐量/万标准箱
			客户满意度（U_{23}）	问卷调查
			陆港区物流业发展规模（U_{24}）	物流从业者人数/万元
				交通运输业固定资产投资额/万人
		陆港区自身管理水平（U_3）	信息化管理水平（U_{31}）	信息化程度
			陆港区服务水平（U_{32}）	运费（铁路综合运费）元/标准箱
			陆港区职工素质（U_{33}）	职工受教育年限
		陆港区执行效率水平（U_4）	客户满意度（U_{41}）	第三产业增加值/亿元
			内陆口岸能力（U_{42}）	海关税收总值/亿元
		陆港区产业发展水平（U_5）	产业集聚水平（U_{51}）	EG 指数
			产业创新能力（U_{52}）	高新技术企业占比
			高端服务业发展水平（U_{53}）	生产性服务业占比
	陆港区外部环境水平C_2	地区经济发展水平（U_6）	国民经济水平（U_{61}）	地区国内总产值/亿元
			工业基础水平（U_{62}）	工业总产值/亿元
		交通基础设施发展水平（U_7）	航空交通条件（U_{71}）	距机场距离/千米
			公路交通条件（U_{72}）	过境高速公路/条
			铁路交通条件（U_{73}）	过境铁路/条
			地区运量规模（U_{74}）	全社会货物运输总量/万吨
		政策环境发展水平（U_8）	优待政策（U_{81}）	产业、土地优惠政策/例
			政府关注度（U_{82}）	政府扶持力度
				国家级牌子/个
		区域一体化水平（U_9）	市场一体化（U_{91}）	工业品出厂价格指数波动的一致性
			区域贸易流（U_{92}）	区域间铁路货物交流量
			产业一体化（U_{93}）	GDP 增长率的相关系数
		开放发展水平（U_{10}）	贸易开放（U_{101}）	进出口额占 GDP 比重
			资本开放（U_{102}）	国际资本流量（实际利用外资额与对外投资额之和）与全社会固定资产投资额之比

本书采用 AHP 方法确定指标权重，邀请在内陆港区建设方面具有权威性的专家对指标体系中各个级别的指标进行两两比较，得出各个指标的重要度，按照 1~9 标度法构造判断矩阵得到最后的权重结果，具体如表 5-6 所示。

表 5-6　一级指标判断矩阵

一级指标	基础设施水平	自身管理水平	地区经济发展水平	交通基础设施发展水平	产业发展水平	政策环境发展水平	执行效率水平	区域一体化水平	物流业发展水平	开放发展水平
基础设施水平	1	2	2	2	1	2	3	5	1	2
自身管理水平	1/2	1	2	2	1	1	1/3	2	1/3	2
地区经济发展水平	1/2	1/2	1	2	1/2	1/2	1/5	1	1/3	1/2
交通基础设施发展水平	1/2	1/2	1/2	1	1	1	1	2	2	2
产业发展水平	1	1	2	1	1	1	2	2	1	1
政策环境发展水平	1/2	1	2	1	1	1	1	2	1	2
执行效率水平	1/3	3	5	1	1/2	1	1	1	1/3	1/3
区域一体化水平	1/5	1/2	1	1/2	1/2	1/2	1	1	1/6	1/4
物流业发展水平	1	3	3	1/2	1	1	3	6	1	2
开放发展水平	1/2	1/2	2	1/2	1	1/2	3	4	1/2	1

根据表 5-6 构造判断矩阵如下：

$$
R_1 = (r_{ij})_{10 \times 10} =
\begin{bmatrix}
1 & 2 & 2 & 2 & 1 & 2 & 3 & 5 & 1 & 2 \\
1/2 & 1 & 2 & 2 & 1 & 1 & 1/3 & 2 & 1/3 & 2 \\
1/2 & 1/2 & 1 & 2 & 1/2 & 1/2 & 1/5 & 1 & 1/3 & 1/2 \\
1/2 & 1/2 & 1/2 & 1 & 1 & 1 & 1 & 2 & 2 & 2 \\
1 & 1 & 2 & 1 & 1 & 1 & 2 & 2 & 1 & 1 \\
1/2 & 1 & 2 & 1 & 1 & 1 & 1 & 2 & 1 & 2 \\
1/3 & 3 & 5 & 1 & 1/2 & 1 & 1 & 1 & 1/3 & 1/3 \\
1/5 & 1/2 & 1 & 1/2 & 1/2 & 1/2 & 1 & 1 & 1/6 & 1/4 \\
1 & 3 & 3 & 1/2 & 1 & 1 & 3 & 6 & 1 & 2 \\
1/2 & 1/2 & 2 & 1/2 & 1 & 1/2 & 3 & 4 & 1/2 & 1
\end{bmatrix}
$$

下面以子准则层相对于目标层的权重计算过程为例，本书采用求和法计算

权重：根据公式 $\bar{r}_{ij} = r_{ij} / \sum_{k=1}^{n} r_{ij} (i, j = 1, 2, \cdots, n)$ 将元素按列归一化，再根据

公式 $\tilde{w}_i = \sum_{j=1}^{n} \bar{r}_{ij} (i, j = 1, 2, \cdots, n)$ 将归一化后的矩阵的同一行各列相加，将

相加后的向量除以 n，即 $w_i = \tilde{w}_i / n$，可求得目标层的单一准则下，子准则层各

个指标的相对权重值 $W = (0.1588, 0.1516, 0.0949, 0.0953, 0.1063,$

$0.0589, 0.1011, 0.0992, 0.0419, 0.0921)$。

接下来对特征向量进行一致性检验，根据公式 $\lambda_{\max} = \frac{1}{n} \sum_{i=1}^{n} \frac{(AW)_i}{w_i}$，并应

用 Matlab 计算得出 $\lambda_{\max} = 11.3233$，继续检验一致性，可得 $C.I = \frac{\lambda_{\max} - n}{n-1} =$

$\frac{11.3233 - 10}{9} = 0.1470$，当 $n = 10$ 时，R.I 取值为 1.49，因此 $C.R = \frac{C.I}{C.R} =$

$0.0987 < 0.1$，可得该判断矩阵具有满意一致性，可以接受，说明权重系数分

配较合理。

与计算一级指标原理一致，针对二级指标同样按照 1~9 标度方法构造判

断矩阵，通过求和法得到特征向量，计算最大特征值，检验一致性，得到结

果。再对四个权重向量进行处理，从而得到各一级指标下的二级指标相对权

重。由于每个一级指标下的二级指标个数较少，因此矩阵处理也相对简单，此

处不再赘述，结果汇总如表 5-7 所示。

表 5-7　判断矩阵结果汇总

矩阵	正规化向量	$\lambda_{\max}$	n	C.R	一致性
$r_1 = \begin{bmatrix} 1 & 1 & 1 & 1 \\ 1 & 1 & 1 & 1 \\ 1 & 1 & 1 & 1 \\ 1 & 1 & 1 & 1 \end{bmatrix}$	$w = \begin{bmatrix} 0.2500 \\ 0.2500 \\ 0.2500 \\ 0.2500 \end{bmatrix}$	4.0000	4	0.0000	通过

矩阵	正规化向量	λ_{max}	n	C. R	一致性
$r_2 = \begin{bmatrix} 1 & 1 & 1 & 1 \\ 1 & 1 & 1 & 1 \\ 1 & 1 & 1 & 1 \\ 1 & 1 & 1 & 1 \end{bmatrix}$	$w = \begin{bmatrix} 0.2500 \\ 0.2500 \\ 0.2500 \\ 0.2500 \end{bmatrix}$	4.0000	4	0.0000	通过
$r_3 = \begin{bmatrix} 1 & 1 & 1 \\ 1 & 1 & 1 \\ 1 & 1 & 1 \end{bmatrix}$	$w = \begin{bmatrix} 0.3333 \\ 0.3333 \\ 0.3333 \end{bmatrix}$	3.0000	3	0.0000	通过
$r_4 = \begin{bmatrix} 1 & 1 \\ 1 & 1 \end{bmatrix}$	$w = \begin{bmatrix} 0.5000 \\ 0.5000 \end{bmatrix}$	2.0000	2	0.0000	通过
$r_5 = \begin{bmatrix} 1 & 1 & 1 \\ 1 & 1 & 1 \\ 1 & 1 & 1 \end{bmatrix}$	$w = \begin{bmatrix} 0.3333 \\ 0.3333 \\ 0.3333 \end{bmatrix}$	3.0000	3	0.0000	通过
$r_6 = \begin{bmatrix} 1 & 1 \\ 1 & 1 \end{bmatrix}$	$w = \begin{bmatrix} 0.5000 \\ 0.5000 \end{bmatrix}$	2.0000	2	0.0000	通过
$r_7 = \begin{bmatrix} 1 & 1 & 1 & 1 \\ 1 & 1 & 1 & 1 \\ 1 & 1 & 1 & 1 \\ 1 & 1 & 1 & 1 \end{bmatrix}$	$w = \begin{bmatrix} 0.2500 \\ 0.2500 \\ 0.2500 \\ 0.2500 \end{bmatrix}$	4.0000	4	0.0000	通过
$r_8 = \begin{bmatrix} 1 & 1 \\ 1 & 1 \end{bmatrix}$	$w = \begin{bmatrix} 0.5000 \\ 0.5000 \end{bmatrix}$	2.0000	2	0.0000	通过
$r_9 = \begin{bmatrix} 1 & 1 & 1 \\ 1 & 1 & 1 \\ 1 & 1 & 1 \end{bmatrix}$	$w = \begin{bmatrix} 0.3333 \\ 0.3333 \\ 0.3333 \end{bmatrix}$	3.0000	3	0.0000	通过
$r_{10} = \begin{bmatrix} 1 & 1 \\ 1 & 1 \end{bmatrix}$	$w = \begin{bmatrix} 0.5000 \\ 0.5000 \end{bmatrix}$	2.0000	2	0.0000	通过

经过以上对各个判断矩阵的一致性检验，将指标体系综合权重统计如下（见表5-8）。

表 5 − 8　陆港区高质量水平发展因素指标体系权重

一级指标	权重	指标层	权重
陆港区基础设施水平	0.1588	陆港区规模	0.0397
		陆港区仓储能力	0.0397
		陆港区平台建设	0.0397
		陆港区装卸能力	0.0397
陆港区物流业发展水平	0.1516	承运人服务水平	0.0379
		陆港区年吞吐量	0.0379
		客户满意度	0.0379
		陆港区物流业发展规模	0.0379
陆港区自身管理水平	0.0949	信息化管理水平	0.0316
		陆港区服务水平	0.0316
		陆港区职工素质	0.0316
陆港区执行效率水平	0.0953	客户满意度	0.0476
		内陆口岸能力	0.0476
陆港区产业发展水平	0.1063	产业集聚水平	0.0354
		产业创新能力	0.0354
		高端服务业发展水平	0.0354
地区经济发展水平	0.0589	国民经济水平	0.0294
		工业基础水平	0.0294
交通基础设施发展水平	0.1011	航空交通条件	0.0253
		公路交通条件	0.0253
		铁路交通条件	0.0253
		地区运输量规模	0.0253
政策环境发展水平	0.0992	优待政策	0.0496
		政府关注度	0.0496
区域一体化水平	0.0419	市场一体化	0.0140
		区域贸易流	0.0140
		产业一体化	0.0140
开放发展水平	0.0921	贸易开放	0.0461
		资本开放	0.0461

四、各指标隶属度确定和模糊矩阵的生成

各指标隶属度的确定和模糊矩阵的生成设评语集为 $V = \{V_1, V_2, V_3, V_4, \cdots, V_m\}$，其中$V_i$表示各级别评语，$i = 1, 2, \cdots, m$，$m$ 代表评语集的个数。参照以往类似评价指标体系和评语集的组成，取 $m = 5$，即我国陆港区发展水平评价模型的评语集为 $V = \{V_1$（差），V_2（较差），V_3（一般），V_4（良好），V_5（优秀）$\}$。

对于定性指标的指标隶属度的确定可以采用模糊统计的方法。本书确定指标隶属度的基本方法是，根据评语集分别邀请专家及港口相关业务人员为各个对象的评价指标进行打分，对照评分区间进行评级，进而通过频度来获得相应的隶属度。由于四个城市的经济和交通运输发展方面存在一定程度上的差异，因此对专家做以说明，在横向比较四个城市数据的同时，也应当关注每个城市自身在陆港区建设发展过程中的进步表现，这样才能有效地避免由于绝对数据导致的评级不客观或差异过大的现象。经过对专家评级的数据处理，得到每项指标对于评语集的隶属度。

五、模糊综合评价

本书建立的评价模型应用的是二级评价指标体系，因此在计算过程中也分为两个层次，分两个步骤进行模糊矩阵的运算。本书对所有评价因素考虑了其权重大小并均衡兼顾，为体现评价的整体性，采用加权平均型算子，具体就是两个矩阵做乘积，运算过程如下：

（1）首先进行一级评价，根据公式

$$B = W \circ R = (w_1, w_2, \cdots, w_n) \begin{bmatrix} r_{11} & r_{12} & \cdots & r_{1q} \\ r_{21} & r_{22} & \cdots & r_{2q} \\ \vdots & \vdots & \cdots & \vdots \\ r_{n1} & r_{n2} & \cdots & r_{nq} \end{bmatrix} = (b_1, b_2, \cdots, b_m)$$

依据表 5 - 7 的判断矩阵和表 5 - 8 的权重，对影响乌鲁木齐陆港区发展的准则层 10 个因素进行模糊评判，结果如下所示：

$$B_1 = W_1 \circ R_1 = (0.2500, 0.2500, 0.2500, 0.2500)$$

$$\begin{bmatrix} 0 & 0.167 & 0.5 & 0.333 & 0 \\ 0 & 0.167 & 0.333 & 0.5 & 0 \\ 0 & 0.333 & 0.5 & 0.167 & 0 \\ 0 & 0.167 & 0.167 & 0.667 & 0 \end{bmatrix} = (0, 0.2085, 0.3750, 0.4168, 0)$$

$$B_2 = W_2 \circ R_2 = (0.2500, 0.2500, 0.2500, 0.2500)$$

$$\begin{bmatrix} 0 & 0.333 & 0.667 & 0 & 0 \\ 0 & 0.167 & 0.333 & 0.5 & 0 \\ 0 & 0.333 & 0.333 & 0.333 & 0 \\ 0 & 0.333 & 0.5 & 0.167 & 0 \end{bmatrix} = (0, 0.2915, 0.4582, 0.2500, 0)$$

$$B_3 = W_3 \circ R_3 = (0.3333, 0.3333, 0.3333)$$

$$\begin{bmatrix} 0 & 0.333 & 0.333 & 0.333 & 0 \\ 0 & 0.167 & 0.333 & 0.5 & 0 \\ 0 & 0.333 & 0.167 & 0.5 & 0 \end{bmatrix} = (0, 0.2776, 0.2776, 0.4443, 0)$$

$$B_4 = W_4 \circ R_4 = (0.5000, 0.5000) \begin{bmatrix} 0 & 0.167 & 0.333 & 0.5 & 0 \\ 0 & 0.333 & 0.333 & 0.333 & 0 \end{bmatrix}$$

$$= (0, 0.2500, 0.3330, 0.4165, 0)$$

$$B_5 = W_5 \circ R_5 = (0.3333, 0.3333, 0.3333) \begin{bmatrix} 0 & 0.333 & 0.667 & 0 & 0 \\ 0 & 0.5 & 0.5 & 0 & 0 \\ 0 & 0.667 & 0.333 & 0 & 0 \end{bmatrix}$$

$$= (0, 0.5000, 0.5000, 0, 0)$$

$$B_6 = W_6 \circ R_6 = (0.5000, 0.5000) \begin{bmatrix} 0 & 0.333 & 0.333 & 0.333 & 0 \\ 0 & 0.667 & 0.333 & 0 & 0 \end{bmatrix}$$

$$= (0,\ 0.5000,\ 0.3330,\ 0.1665,\ 0)$$

$$B_7 = W_7 \circ R_7 = (0.2500,\ 0.2500,\ 0.2500,\ 0.2500)$$

$$\begin{bmatrix} 0 & 0.167 & 0.167 & 0.667 & 0 \\ 0 & 0.167 & 0.667 & 0.167 & 0 \\ 0 & 0.167 & 0.833 & 0 & 0 \\ 0 & 0.333 & 0.333 & 0.333 & 0 \end{bmatrix} = (0,\ 0.2085,\ 0.5000,\ 0.2918,\ 0)$$

$$B_8 = W_8 \circ R_8 = (0.5000,\ 0.5000) \begin{bmatrix} 0 & 0.333 & 0.5 & 0 & 0.167 \\ 0 & 0.5 & 0.333 & 0 & 0.167 \end{bmatrix}$$

$$= (0,\ 0.4165,\ 0.4165,\ 0,\ 0.1670)$$

$$B_9 = W_9 \circ R_9 = (0.3333,\ 0.3333,\ 0.3333) \begin{bmatrix} 0 & 0.5 & 0.5 & 0 & 0 \\ 0 & 0.5 & 0.5 & 0 & 0 \\ 0 & 0.5 & 0.333 & 0.167 & 0 \end{bmatrix}$$

$$= (0,\ 0.5000,\ 0.4443,\ 0.0557,\ 0)$$

$$B_{10} = W_{10} \circ R_{10} = (0.5000,\ 0.5000) \begin{bmatrix} 0 & 0.333 & 0.333 & 0.333 & 0 \\ 0 & 0.333 & 0.667 & 0 & 0 \end{bmatrix}$$

$$= (0,\ 0.3330,\ 0.5000,\ 0.1665,\ 0)$$

所以得到由$B_1 \sim B_{10}$组成的一级指标对评价总目标的单因素评价矩阵B如下:

$$B = \begin{bmatrix} B_1 \\ B_2 \\ B_3 \\ B_4 \\ B_5 \\ B_6 \\ B_7 \\ B_8 \\ B_9 \\ B_{10} \end{bmatrix} = \begin{bmatrix} 0 & 0.2085 & 0.3750 & 0.4168 & 0 \\ 0 & 0.2915 & 0.4582 & 0.2500 & 0 \\ 0 & 0.2776 & 0.2776 & 0.4443 & 0 \\ 0 & 0.2500 & 0.3330 & 0.4165 & 0 \\ 0 & 0.5000 & 0.5000 & 0 & 0 \\ 0 & 0.5000 & 0.3330 & 0.1665 & 0 \\ 0 & 0.2085 & 0.5000 & 0.2918 & 0 \\ 0 & 0.4165 & 0.4165 & 0 & 0.1670 \\ 0 & 0.5 & 0.4443 & 0.0557 & 0 \\ 0 & 0.3330 & 0.5000 & 0.1665 & 0 \end{bmatrix}$$

根据最大隶属度法，即取 $b_j = \max \{b_1, b_2, b_3, b_4, b_5\}$，则 b_j 所对应的评语等级即为评价目标所对应的评语等级。根据以上原则，陆港区各一级指标评价等级如表 5 - 9 所示。

表 5 - 9　一级指标评价等级

指标	最大隶属度对应等级
陆港区基础设施水平	良好
陆港区物流业发展水平	一般
陆港区自身管理水平	良好
陆港区执行效率水平	良好
陆港区产业发展水平	一般
地区经济发展水平	较差
交通基础设施发展水平	一般
政策环境发展水平	一般
区域一体化水平	较差
开放发展水平	一般

从表 5 - 9 可知，乌鲁木齐陆港区的基础设施水平、自身管理水平、执行效率水平发展良好，物流业发展水平、产业发展水平、交通基础设施发展水平、政策环境发展水平和开放发展水平发展一般，地区经济发展水平和区域一体化水平发展较差。

（2）接下来进行二级评价，即对得到的评价矩阵 B 进行模糊运算，得到总体评价目标。对于评语集 V 的隶属向量 Y，具体如下：

$$Y = W \circ B = (0.1588, 0.1516, 0.0949, 0.0953, 0.1063, 0.0589,$$
$$0.1011, 0.0992, 0.0419, 0.0921)。$$

$$
\begin{bmatrix}
0 & 0.2085 & 0.3750 & 0.4168 & 0 \\
0 & 0.2915 & 0.4582 & 0.2500 & 0 \\
0 & 0.2776 & 0.2776 & 0.4443 & 0 \\
0 & 0.2500 & 0.3330 & 0.4165 & 0 \\
0 & 0.5000 & 0.5000 & 0 & 0 \\
0 & 0.5000 & 0.3330 & 0.1665 & 0 \\
0 & 0.2085 & 0.5000 & 0.2918 & 0 \\
0 & 0.4165 & 0.4165 & 0 & 0.1670 \\
0 & 0.5 & 0.4443 & 0.0557 & 0 \\
0 & 0.3330 & 0.5000 & 0.1665 & 0
\end{bmatrix}
= (0,\ 0.3241,\ 0.4164,\ 0.2429,\ 0.0166)
$$

即评价对象乌鲁木齐陆港区对于评语集 V 的隶属向量如下:

$Y_1 = (0,\ 0.3241,\ 0.4164,\ 0.2429,\ 0.0166)$

同理,由上述方法可计算出另外三个内陆港区的评价结果,在此不做赘述,评价结果汇总如表 5 - 10 所示。

表 5 - 10　评价结果汇总

地区	评价结果
乌鲁木齐	$Y_1 = (0,\ 0.3241,\ 0.4164,\ 0.2429,\ 0.0166)$
西安	$Y_2 = (0,\ 0.0049,\ 0.2073,\ 0.3183,\ 0.4696)$
郑州	$Y_3 = (0,\ 0,\ 0.1843,\ 0.7179,\ 0.0980)$
成都	$Y_4 = (0,\ 0.0423,\ 0.2691,\ 0.4321,\ 0.2570)$

第三节　内陆港区发展水平评价结果及分析

根据以上所得评价结果,可通过评语级的对照得到评价对象发展水平的优劣程度。以乌鲁木齐陆港区为例,为使模糊评价结果变得具体,采取对评语集进行赋值的方法。由于在打分的时候评语集对应的是区间数，因此取每个区间的中值作为评语的对应值，即"差"计为25，"较差"计为57.5，"一般"计为72.5，"良好"计为85，"优秀"计为95。得到分数等级矩阵 M = [25，57.5，72.5，85，95]，将隶属向量与等级矩阵转置做乘积可以得到陆港区发展水平的综合得分，从而进行发展水平的横向对比。乌鲁木齐陆港区发展水平综合得分如下：

$$V_1 = Y_1 \circ M^T = (0,\ 0.3241,\ 0.4164,\ 0.2429,\ 0.0166) \begin{bmatrix} 25 \\ 57.5 \\ 72.5 \\ 85 \\ 95 \end{bmatrix} = 71.0482$$

同理可得西安陆港区的发展水平综合得分为 86.9785，郑州陆港区综合得分为 83.6932，成都陆港区综合得分为 83.0855，汇总如表 5-11 所示。

表 5-11　最终得分汇总

地区	评价结果
西安	86.9785
郑州	83.6932
成都	83.0855
乌鲁木齐	71.0482

由评分与评语集的对应关系可得，西安陆港区的发展处于良好状态，而后依次为郑州陆港区、成都陆港区、乌鲁木齐陆港区。

由此可见，乌鲁木齐陆港区相较其他三个陆港区的发展水平较低。所以，在我国推进"一带一路"建设和构建全方位对外开放新格局中具有重要战略地位的乌鲁木齐国际陆港区，在开放不足制约经济发展的情形下，亟须紧跟全国开放的步伐。但是从另一方面来看，乌鲁木齐国际陆港区在未来发展中有很大潜力。因此，后文将结合对于我国内陆港区发展水平评价的结果，不仅针对乌鲁木齐国际陆港区发展较弱的方面提出具体的对策建议，同时也对发展较好的方面做补充，扬长补短，为后续乌鲁木齐国际陆港区的持续发展与进步提供理论指导。

第四节　乌鲁木齐国际陆港区存在的问题

由前文对于乌鲁木齐国际陆港区的论述以及评判结果$B_1 - B_{10}$（见表5－7）可知，乌鲁木齐国际陆港区基础设施水平、自身管理水平、执行效率水平发展良好，物流业发展水平、产业发展水平、交通基础设施发展水平、政策环境发展水平和开放发展水平发展一般，地区经济发展水平和区域一体化水平发展较差。目前，陆港区汇聚了乌鲁木齐市乃至全新疆最优质的交通、物流和对外开放资源，经过近几年的规划建设，在基础设施和平台建设、通道网络拓展、国际班列开行和政策体系构建等方面取得初步成效，为今后发展和战略升级奠定了坚实基础。但与内地一些发展成熟的陆港区建设相比，乌鲁木齐的陆港区建设发展还处于初步阶段，也正是建设发展的关键期，还存在稳定集货能力不足、配套服务功能平台不完善、基础设施建设迟缓、政策支撑及产业集聚能力不足等问题和短板，需要不断解决和完善。

一、基础设施及口岸平台尚有很大功能缺失

首先，从乌鲁木齐自身来看，目前只有正在研究推进的创新驱动发展试验区和大数据综合试验区，而推进外向型经济发展所必须争取的平台建设还较为

落后。比如，自由贸易试验区、国家级新区、航空港经济试验区以及跨境电商试验区等目前开发面积不足50%，"雀巢引凤"的吸引力不足。综合保税区开发建设面积不足一半，独特的政策优势对产业集聚发展的支撑作用尚未完全显现。由于中心地处民航净空范围，2/3地块上的建筑物限高仅10米左右，1/3的地块已超净空限高，制约了园区的整体开发建设。其次，物流组织网络和国内货源组织不够完善、境外物流组织服务能力不强。例如，陆港区内部的中欧班列集结中心、综合保税区、国际纺织服装中心之间缺乏快捷的专门通道，道路拥堵问题比较严重，影响和制约了物流效率。最后，基础设施及口岸平台建设资金筹措困难，实际可利用外资金额较低，中欧班列运输补贴力度较小也在一定程度上制约着乌鲁木齐陆港区的发展。中心基础设施建设总投资需求量约为250亿元，建设体量巨大，但由于资金拨付等需要通过区、市两级政府层层审核审批，效率不高，以及援疆资金使用限制，中心基础设施、产业发展配套设施建设进度比较缓慢。从2019年四个城市外资使用量数据来看，资本开放程度较高的城市——成都，其实际利用外资金额以544亿美元远远超过其他三个城市，而乌鲁木齐市的实际利用外资金额虽然增长率高达180%，但数额仅为665万美元，与排名第一位的成都相比差距非常大。另外，国内中欧班列由中铁集装箱公司垄断，补贴力度远超乌鲁木齐，而且还可享受国内段运费下浮75%的优惠，乌鲁木齐经济开发区虽已研究制定《乌鲁木齐国际陆港区国际货运班列财政补贴资金管理暂行办法》，重点补贴中欧返程，但额度较小，财政补贴政策的引导作用无法充分体现，既不利于招商引资，也不适用于班列运行，进而造成乌鲁木齐班列运输成本缺乏竞争力，以致乌鲁木齐陆港区无法充分发挥区位优势，极大地削弱了集结中心聚集外地货源的能力；同时，产品多处于产业链低端、外向型产业支撑不够、符合中亚与欧洲市场需求的产品不多等问题，也导致本地货源支撑班列持续开行的难度加大。

二、政策环境仍需完善

从政策方面来看，想要实现高附加值产品的运输方式从海运向陆运的成功转变，平衡运输成本和时效的最佳解决方案就是开行班列。但是由于缺少班列运行政策的支持，乌鲁木齐陆港区在货物集结和车流集结方面竞争力较弱。目前，全国有 52 个城市组织开行中欧班列，但开行 100 列以上的不到一半，常年处于非常态化开行的状态，而这些城市绝大部分分布在对口支援新疆的 19 个省市中。在这样的情况下，乌鲁木齐陆港区与这些城市加强合作的空间较大。但陆港区在协调过程中，由于受班列补贴、援疆资金使用规定等方面的要素影响，加强城市合作、常态化开行中欧班列的重难点一直无法突破。一旦班列运行成本无法有效平衡，新疆班列的品牌效应也就无法形成。另外，乌鲁木齐市在陆港区集货方面，严格执行国家有关政策，实施了一些财政补贴政策，但与西安等城市相比，无论是补贴的力度、兑现的时效性，还是其他渠道的综合补贴，远远不具有吸引力。在集聚产业方面，地方财政、政府平台公司难以采取参股、融资等新方式，推进重大招商引资项目落地建设。据陆港区工作人员反映，陆港区的招商引资优惠力度还不如新疆霍尔果斯经济开发区等地，个别已经落地的企业已经出现了外迁倾向。

乌鲁木齐为清理、规范财政税收优惠政策，从 2018 年起一律停止了与财政收入、税收收入相挂钩的一切即征即返、先征后返形式的各种补贴政策，致使原来实施的一些尚有一定吸引力的招商引资政策被清理。取而代之的是实行"一事一议"政策，但由于缺乏公开、透明，政策的公信力、保障力受到企业的质疑。比如，原来执行的鼓励企业上市、科技创新、外贸出口、使用高端人才等政策，都被暂停执行。

三、地缘优势发挥不足，地区经济和产业发展相对落后

新疆不仅承担着打开西部"桥头堡"的重要角色，还肩负着建设"丝绸

之路经济带"核心区的历史使命；面向国际和国内市场的特殊地位，使其成为充分利用这两种资源的重要前沿阵地，具有无可比拟的地缘区位优势。同时，在新一轮西部大开发战略和对口支援新疆政策的推动下，新疆产业发展优势进一步凸显，成为产业西进的重要承接地，特别是差异化产业政策，为新疆发展特色优势产业、积极选择承接东部转移产业、促进传统产业转型升级和发展战略性新兴产业提供了巨大支持。

但是从目前的情况来看，乌鲁木齐作为1500千米半径范围内最大的城市，拥有独特的区位优势。但周边国家消费人口基础差、与我国中心市场距离远等缺点一直在阻碍乌鲁木齐地区的经济发展。成都、郑州和西安均为"千万人口"级城市，其中成都的人口最多，达1658.1万人。从常住人口增长率看，郑州和西安这两个城市增长较快，常住人口增长率分别为2.13%和2%，2018年乌鲁木齐常住人口为350.58万人，2019年为355.2万人，增长率为1.32%，其常住人口保持小幅增长的趋势，但增长率低于其他三个城市。伴随着知识经济的到来，人力资本越发成为各地区竞相争夺的宝贵资源，单从人力资本方面来看，乌鲁木齐还有很大的发展空间。

同时，乌鲁木齐还存在制造业产业基础薄弱，加工能力差，能自己生产的高端、高附加值及对欧洲适销对路的产品不足的问题。虽然乌鲁木齐2019年国内生产总值增长率高于全国的6.1%，但低于成都和西安，和郑州持平。成都增长最强劲，国内生产总值增长率高达7.8%，西安则为7%。但是从人均GDP的角度来看，乌鲁木齐的人均GDP排名第三，比西安稍高，和郑州、成都两个超过10万元的城市相比还有些差距。虽然在生产总值增长率和人均生产总值上乌鲁木齐并不具备很大优势，但其人均GDP增长率却高达8.7%，位列四个城市人均GDP增长率之首，且比第二名的成都高了2.7个百分点。新疆是西部大开发的重心区和建设"丝绸之路经济带"的核心区，随着我国西部大开发战略的持续推进，乌鲁木齐在国民经济方面的发展空间巨大。

党的十九大指出，中国经济已经从高速增长阶段向高质量发展阶段转变，正处于转变发展方式、优化经济结构、转变增长动力的攻坚时期。要继续推进供给侧结构性改革，实现新旧动能不断转换，构建现代化经济体系。这就要求陆港区通过构建新疆全方位的新格局来深化改革和制度创新，通过汇集和配置国际国内资源，促进开放型经济高质量发展，全面建设现代化经济体系。

四、区域一体化建设有待提升，对外开放发展仍需不断探索

与其他三地大力推进口岸区、综合保税区等特殊功能区建设，促进外向型经济由点带面发展的策略相比，乌鲁木齐国际陆港区的物流枢纽作用尚未充分发挥，综合保税区机构设置问题尚未解决，对外开放政策体系建设还不完善。目前，综合保税区内落地企业数量不多，发展规模较小、质量不高，对保税加工、保税贸易、保税物流的支撑作用不明显。对综合保税区产业发展政策研究不深，针对核心业务的精准招商工作有待加强。创新综合保税区业态工作需要强化，国家大力倡导的维修业务、研发业务、租赁贸易等新业务尚未开展，跨境电商业务处于起步阶段，发展的压力依然非常巨大。根据海关总署通报，全国有进出口统计数据的综合保税区（特殊监管区）有 132 个，年外贸进出口总额未过 1 亿美元的有 12 个，占 9.1%，其中乌鲁木齐综合保税区连同喀什综合保税区、中哈霍尔果斯国际边境合作中心中方配套区就位列其中，而且开发面积不到 50%，产业集聚水平低，根据海关总署有关考核办法，处于 C 类范畴（排名后 10%），面临退出风险。

乌鲁木齐虽然制定了一些优惠政策来支持和鼓励国际物流和国际贸易的发展，但缺乏金融、税收、土地和投资促进等一体化产业发展支撑政策，与内陆城市相比吸引力不足。2019 年统计数据显示，乌鲁木齐进出口额占 GDP 的比重为 15.02%，其中货物出口额绝对值为 334.3 亿元，约为货物进口额（178.2 亿元）的两倍，对外贸易主要以出口为主。西安、成都、郑州的进出

口额占 GDP 比重均在 34% 以上，说明这三个城市的经济活动中，对外贸易占了非常大的比重。乌鲁木齐的进出口额占 GDP 比重较低，还不到其他城市平均值的一半，因此迫切需要建立一个系统、完整的港口地区产业发展政策体系。特别是，陆港区涉及兵团、铁路局、机场、海关、国检、国际道路运输等管理主体，以及中央企业、兵团国有企业、自治区国有企业、城市国有企业、社会企业等数百家企业主体；纵向涉及贸易、物流、加工、仓储、供应链金融等产业链业态，特别是铁路多式联运涉及多个省、市、港口，涉及面广、点多、线长，缺乏一个强大、高效、综合的管理服务机构为区域发展建设提供综合管理服务。另外，陆港区各功能区和园区站场的功能布局还需要全面优化，新疆与乌鲁木齐陆港区系统一体化联动机制建设仍需完善，进而实现行政区、经济区和军事区的功能衔接和协调发展。

第六章　陆港区高质量发展的总体思路与政策建议

随着"一带一路"建设的不断推进，我国西部地区与欧洲国家的经济贸易、社会交流不断推进，中西部内陆地区货运体量也在不断增长，传统的货物运输以及进出口方式的不足正日益显现出来。例如，出口货物在所属地申报后仍需到港口进行二次报关，查验与交接手续烦琐，所需成本相对较高。目前，国际陆港区以新的港口货物通关模式，在较大程度上降低了相关物流成本，提高了通关效率。根据前文对乌鲁木齐国际陆港区发展水平的评价可知，乌鲁木齐国际陆港区建设正处于起步阶段，同时与我国中东部相比，乌鲁木齐的产业发展尚不充分，支撑班列高质量发展的能力有待加强，要想进一步完善陆港区建设，将乌鲁木齐打造成为全国中欧班列集结中心，构建"一港、两区、五大中心、口岸经济带"的对外开放布局，应重点以推进乌鲁木齐国家物流枢纽建设为抓手，抓好"一港"建设，打通对内对外联系的"大通道"。为将乌鲁木齐国际陆港区打造成为"丝绸之路经济带"核心区的标志性工程，就必须在基础设施建设投入、功能平台完善、产业集聚、物流和贸易集聚等多方面投入更多精力。此外，着力打造乌鲁木齐陆港区，打通我国西部与欧洲各国的通道，建设连通欧亚大陆的物流商贸集散中心，一则并无先例和成熟的理论基础可以借鉴，二则无规范其发展的法律法规制度。应在不断的探索和实践中，借鉴其他优秀内陆港区的发展模式，走出一条适合乌鲁木齐经济、地理、社会条件的特色之路，应从以下几个方面进行改善。

第一节　完善国际陆港区港口功能

目前，我国国际陆港区的规划与发展还没有形成完整、规范的制度规则体系，仍处于探索阶段，基础设施建设环节的相对薄弱给国际陆港区集疏和仓储能力带来负面影响，通关能力、通关效率、通关便利性相对偏低，这直接导致了物流业发展水平偏低，难以形成核心竞争能力。因此，乌鲁木齐在以后的国际陆港区发展过程中，应完善物流基础设施，加强国际陆港区设备服务的投资力度，改善或精简陆港区内部运行机制和流程，实现乌鲁木齐综合保税区、国际物流区、国内综合物流区、物流产业集群区、口岸贸易区以及功能延伸与辐射带动区相互之间的合作协同发展。

一、提升国际陆港区协调机制与运营效率

（1）乌鲁木齐国际陆港区的建设处于起步阶段，应畅通内陆港区内的海关部门、货代公司、物流企业与当地政府和管委会的沟通渠道，共同规划陆港区周围各区位的功能部署和利用情况，安排最优的运输线路以及完善的配套设施，提升国际陆港区的货物集散能力。关于乌鲁木齐陆港区建设和运营的相关思路和规划，应由各部门协同企业共同商讨完善，确保后期国际陆港区的有效运营。

（2）目前，乌鲁木齐陆港区与铁路集装箱中心站、公路港、空港等各物

流单位未能实现无缝对接，在集结货物方面还未形成有效规模，从而大大降低了内陆港区的运行效率。因此，在加强基础设施建设，完善硬件要素的同时，乌鲁木齐陆港区各部门也要积极配合协作，并与沿海天津港、秦皇岛港、青岛港、日照港、连云港港和阿拉山口、霍尔果斯陆港区等主动合作，争取自治区各地方物流集散中心的支持，逐步通过商讨将沿海港口或口岸的部分功能转移至乌鲁木齐陆港区，从而使沿海港口专注于自身核心功能的发展，达到港口业务的合理分配和有效转移，实现东西货物无障碍流通。

（3）打通内外联系，构建陆港区与沿海港口的物流大通道，乌鲁木齐陆港区属于远距离边境内陆港区，通过铁路集装箱集并、中转，充分利用班列资源，能够准时、低成本、高效率地完成货物的运输；应积极利用陆港区的海关、检验检疫服务与沿海港口形成"一次查验、一次通关、一次放行"的大通关模式，同时争取与国际货代企业、物流企业共同搭建物流平台，建立高效的信息流通机制和通道，通过提升乌鲁木齐陆港区内部机构协同配合能力，使国际物流系统高效率、高品质地服务于客户需求。

（4）进一步提高高端产业和活跃要素集聚功能。完善和加强国际陆港区在保税仓储、加工、国际中转、采购、分销和配送等方面的基础功能。同时，拓展研发、检测和售后服务维修等延伸功能，鼓励进驻企业在陆港区内发展精工制造业，设立技术与资本密集的研发机构，打造要素合理有效流动、产业集聚快速发展、陆港区物流高效有序的有利局面，进一步加强和拓展乌鲁木齐西站国际口岸贸易区的建设，考虑融合综合保税区与口岸贸易区部分功能，在乌鲁木齐综合保税区内建设贸易功能区，赋予区内企业一般纳税人资格。借鉴上海自贸区通关便利化23条措施。通过大力建设电子口岸，完善各项功能，进一步促进口岸通关便利化。打造陆港区功能齐全、作业高效、监管完善的多式联运监管中心，为各式运输货物提供换装、仓储、中转、集拼、配送等"一站式服务"和一体化作业平台，通过整合和优化监管资源打造协同监管体系，为实现进出口物流高效运转提供便利。

二、建立完善的电子商务口岸

目前，包括乌鲁木齐国际陆港区在内，我国的内陆港区信息平台建设有序进行。乌鲁木齐国际机场跨境电子商务分拣清关中心、乌鲁木齐跨境电商公共服务中心、乌鲁木齐国际机场口岸跨境电商进口业务等机构和业务相继开展，并取得了明显成效。因此，为继续提升国际陆港区的通关效率和服务水平，应继续强化信息平台建设，实现口岸通关业务电子化，打造高效的国际陆港区物流营运信息化系统。

在内陆港区运行过程中，电子商务口岸的设立使内陆港区与海港之间形成了有效对接，实现了信息的共享，提高了物流通关效率。借助于海关、检验检疫、港口行政管理机关以及港口企业等部门全面有效对接，政府和港口可通过口岸网站发布最新的数据报表和政策法规，企业则可通过网络进行通关申报，一则可以加快货物通关效率，二则实现了陆港区政务的公开透明。此外，电子商务口岸的无纸化通行可通过内部联网与信息共享，减少企业录入信息的次数，提高企业报关便利性和整体的作业效率。加强综合运输信息、物流资源交易、电子口岸和大宗商品交易等平台建设，促进各类平台之间的互联互通和信息共享，建设陆港区信息港集结各类信息，构建信息枢纽和大数据平台。制定政策鼓励龙头物流企业搭建物流信息共享服务平台，提高货源、车源和物流服务等信息的匹配度，降低运输工具空驶率。编制统一物品编码体系，建设衔接企业、消费者与政府部门的第三方公共服务平台，提供物流信息的查询、跟踪处置和对接等服务。建设智能物流信息平台，形成集物流信息发布、在线交易、数据交换、跟踪追溯、智能分析等功能于一体的物流信息服务中心。

三、继续深入开展国际多式联运业务

（1）规范运输代理业，大力发展多式联运经营人。运输代理业从货物运输便利性上推动了集装箱多式联运的发展，但目前运输代理市场中存在的层层代理、多次分包、价格混乱等不规范行为，扰乱了市场，阻碍了多式联运的可持续发展。需进一步规范运输代理业，大力发展专业的多式联运经营人，积极构建公平竞争的运输市场，有利于减少运输环节，降低运输成本，推动多式联运的健康发展。

（2）构建多式联运管理信息系统，实现多式联运参与者的信息共享。通过电子信息的采集、传输和交换，实现多式联运经营人、集装箱企业、卡车运输企业、铁路运输企业、集装箱码头企业、货代企业和内陆集装箱货运站经营人等运输部门互相联结，将发货人和收货人以及"一关三检"、银行和保险等外贸部门、监管查验和服务部门紧密结合，可实现集装箱多式联运系统信息的快速流动，提高多式联运的效率。

（3）构建乌鲁木齐货运通道网络体系，提高物流业的区域配送能力。明确货运通道的规划建设情况和管理模式，强调货运通道与人行通道的适度分离、货运通道干线与支线的层级分明、货运通道网络与物流节点的无缝衔接。打造城市快速运输网络，开展国/省道公路沿线城际快速干道、城市出入口和环城快速公路建设，提高自治区内各地市间的物流运输效率。

• 陆—海联运物流。积极与天津、青岛、大连、连云港、日照、上海的海港进行业务对接，实行陆海联运，将乌鲁木齐陆港区建设成为我国西部与中东部地区及国际市场经贸交流的陆路口岸。

• 铁路物流。推进各种联运方式，积极做好干支线铁路规划建设工作，发挥铁路中远距离运输的优势，构建连接华北、华中与西南地区的铁路物流大通道。

• 公路物流。完善乌鲁木齐公路网络，做好面向各地区的延伸与衔接工作，创造出舒适、安全、方便、经济的公路物流大通道。

• 航空物流。通过与乌鲁木齐国际机场的对接，实施货运主导型战略，强化航空快捷物流服务功能，通过着力发展国内、国际航空货运，开辟快件、鲜活、贵重等物品的高速运输航线，建成国际航空物流大通道。

第二节　促进区域物流发展

从我国目前的国内外环境来看，内陆港区的发展与国家政策、当地的经济水平和地位、地理交通环境、物流发展水平密切相关。地区的经济发展水平与其地理区位、发展历程以及经贸开放程度正相关，国家"一带一路"建设为新疆尤其是乌鲁木齐市带来了前所未有的机遇，作为"丝绸之路经济带"的重要节点城市，其地理位置优越，肩负着连接东西的重要职责，物流、人流、资金流、信息流等决定了"丝绸之路经济带"沿线地区经济命脉的流通渠道是否通畅有序，是"一带一路"建设能否达到预期目标的标准之一。其中，物流是关键。作为新疆首府的边境开放城市，乌鲁木齐肩负着东西大通道的物流中转职责，应积极打造一个中转平台，高效地完成与沿海港口的对接，在发挥好集并、中转、多式联运的基本功能基础上，推动其他经济发展要素高效流通，能够极大地促进国际陆港区的发展。

一、打造现代化物流平台

建设乌鲁木齐数字化物流体系，搭建乌鲁木齐物流公共信息平台，加快乌鲁木齐物流中心网站和物流中心数据库建设，加快物流信息的高效率流动。完善物流建设和服务标准，促进物流设施资源的集聚和集约化发展。积极引进具有国际水准的货代和配载企业，实现货物资源集散、中转的标准化、专业化和信息化运作。着力打造乌鲁木齐国际港务区物流综合服务信息网、城市商贸电子商务综合服务工程、农业电子商务工程。以国际货运班列为重要抓手，打造经乌鲁木齐到中亚和欧洲各国的黄金物流通道。通过发展集装箱国际运输、整车国际运输、多式联运等运输方式，打造向西开放、联通中亚与欧洲的国际铁路物流平台。同时，可以考虑从乌鲁木齐国际陆港区出发，开行主要沿海港口的货运班列，实现海铁联运、无缝对接。积极与新疆各地市，以及西安、郑州等国际陆港区重要交通综合枢纽建立合作联动关系，依托铁路网、公路网，发展网络化运输，构建立体化交通集疏运体系。同时，通过共享信息协调统一办公平台，依托空港建立陆港区—空港无缝对接的运输模式，积极探索设立乌鲁木齐虚拟空港，通过对信息化技术的应用，大幅度提升物流效率。加强物流信息平台和货物配载中心建设，大力发展铁海联运、公铁联运、陆空联运、道路货物甩挂运输等运输方式，打造立体化的"丝绸之路"。

二、构筑东、西、南、北物流大通道

以国家"丝绸之路经济带"建设为框架，以乌鲁木齐国际陆港区为基础，连接成都、重庆、西安、郑州、武汉等内陆开放地区以及天津港、青岛港、连云港港、上海港、宁波港等沿海港口，通过设施互联、信息互通、服务共享等协作机制，构建乌鲁木齐国际陆港区与沿海港口城市在全国物流体系下的分工协作、要素流动（人流、资金流等）和产业转移机制，形成陆海互补联动、东西互济相通的国内大通道物流格局。在国际节点通道联动网络方面，按照"丝绸之路经济带"物流节点、对外通道、国际贸易、境外园区等布局拓展交流合作的广度和深度，整合国内陆港区资源，联结中西亚、南亚、欧洲等国家和地区的陆港区枢纽，布局中欧班列货源集拼分拨中心、物流园区、跨境产业合作园区，形成覆盖亚欧大陆的国际陆港区网络，打造连通欧亚大陆的枢纽经济体系。

1. 东西通道

（1）国际段。将向西通道由中亚、西亚各国逐步扩展到包括波兰、俄罗

斯在内的中东欧国家，依托与德国、波兰、荷兰、卢森堡、白俄罗斯、俄罗斯等相关物流节点城市及港口的既有联系和交往基础，发挥中欧班列集结中心的集拼集运优势，形成国际供应链服务网络体系，依托莫斯科、鄂木斯克、明斯克、罗兹、华沙、杜伊斯堡、汉堡、纽伦堡、安特卫普、鹿特丹等物流枢纽节点，全面提升乌鲁木齐在"丝绸之路经济带"服务链、价值链、供应链中的地位，构建与欧洲大陆双向互通的节点通道网络，最终实现覆盖新亚欧大陆桥节点城市的铁路物流通道网络。

（2）国内段。依托新亚欧大陆桥，强化物流组织能力和联通服务水平，加强与西安、兰州、郑州、武汉、义乌等国际陆港区的互联互通和服务对接，畅通与青岛港、连云港港、宁波港及上海港的陆海互动，建立完善的通关合作机制，逐步增加面向东部沿海港口的班列线路，实现海铁联运，构筑服务中原腹地和长三角经济先行区的节点通道网络及陆海联运大通道。

2. 南北通道

（1）国际段。围绕中巴经济走廊建设，与喀什共同开发以巴基斯坦为核心的南亚公铁联运、陆海联运、陆空联运节点通道网络，积极推动中吉乌铁路建设和开辟面向西亚的新经贸物流通道，依托伊斯兰堡、瓜达尔港、巴统、马什哈德、德黑兰等主要枢纽节点及境外园区、中资机构，谋划构建南亚、西亚节点通道网络。

（2）国内段。依托出入新疆北通道，建设形成经内蒙古、山西直通京津冀和环渤海经济圈的物流通道，与大同、石家庄等陆港区形成互联互动，联通天津港、唐山港、秦皇岛港、黄骅港等北方港口，构筑服务京津冀、联通东北亚的国际陆港区通道网络。加强与成都、重庆等国际陆港区的服务衔接与业务合作，联结珠三角及粤港澳大湾区新经济高地，积极参与和融入国际陆海贸易新通道，与西南区域和港口建立战略合作关系及通关合作机制，建立起"丝绸之路经济带"新起点与东盟的密切联系，充分利用中国东盟自由贸易区的政策优势。加快建设陆港区与空港间的快速货运专线，实现陆港区与空港的信息共享，加强两港之间的联动发展，完善陆空网络，打造航空—铁路—公路无缝衔接的现代综合交通枢纽港。加强与港口城市及周边城市的战略合作，建立起与东南亚及东盟的经济联系，构筑服务西南地区和珠三角的国际陆港区通道网络。

第三节 加大政府支持力度

从历史经验和体量上来看，建设乌鲁木齐国际陆港区是一项长期且庞大的工程体系，政府的扶持和组织协调必不可少，这就要求国家铁路、海关、口岸、检验检疫、管委会以及陆港区行政等部门密切配合、攻坚克难，达到预期的效果。第二次中央新疆工作座谈会提出了"以通道建设为依托扩大新疆对内对外开放，立足区位优势，把新疆建设成丝绸之路经济带核心区"。习近平总书记在视察新疆时强调，新疆在建设"丝绸之路经济带"中具有不可替代的地位和作用，要抓住这个历史机遇，要求把自身的区域性对外开放战略融入国家"丝绸之路经济带"建设和向西开放的总体布局中。随后，新疆通过积极推进"丝绸之路经济带"核心区建设，围绕构建"一港、两区、五大中心、口岸经济带"的对外开放布局，以推进乌鲁木齐国家物流枢纽建设为抓手，通过"一港"建设，打通对内对外联系的大通道，将乌鲁木齐国际陆港区打造成为"丝绸之路经济带"核心区建设的标志性工程。但从目前的进展情况来看，相较于内地陆港区城市，新疆缺少在基础设施投入、功能平台完善，特别是产业集聚、物流和贸易集聚等方面的政策支持。这就需要中央、自治区、乌鲁木齐市政府在"一带一路"建设框架下为陆港区建设的各方面工作给予一定的政策支持。

一、精准施策，瞄准政策倾斜方向

在内陆港区建设期间，协同海关、检验检疫、金融、税务、工商、银行、物流企业等共同制定相关规划与政策，共同探讨内陆港区的建设与运营策略，综合各方的意见，动态调整乌鲁木齐国际陆港区参与"一带一路"建设的总体方案和政策保障体系，积极争取集货、园区建设、产业集聚政策支持，加快完善制定"十四五"时期《乌鲁木齐国际港务区产业发展重点支持目录》，制定各项优惠政策吸引优秀的国内外企业进驻，形成产业集聚效应，建立健全贸易便利化政策。

1. 以集货为抓手带动产业集聚

集货是推进要素集聚、产业聚集，提升产业发展规模和水平的主要手段。可通过集聚新疆内外货物，带动新疆物流、人流、资金流、信息流的流通、集聚、融合和发展。乌鲁木齐国际陆港区可依托"丝绸之路经济带"的地理位置，将自身打造成为东中部的陆上出口基地和中西部的集结中心，为其他产业来新疆落地做好优质的配套服务，从而吸引和带动先进制造业、生产性服务业、高端服务业、投资金融服务业等产业迁移落地。目前，乌鲁木齐国际陆港区在集结货物方面还未形成与乌鲁木齐相匹配的有效规模，也尚未形成体系化、程序化、规范化的物流集散模式，因此，需要进一步在提升国内国际班列的开行质量、降低客户运输成本、提升班列场站的服务能力等方面加强政策支持。

争取将中欧班列（乌鲁木齐）集结中心建设纳入国家"十四五"规划和即将出台的中欧班列高质量发展指导意见，同时，积极争取纳入正在编制的《铁路"十四五"发展规划》《国家综合立体交通网规划纲要》，从国家政策层面将乌鲁木齐中欧班列集结中心的地位确立起来。在"丝绸之路经济带"建设框架下，支持内地西出货物向国际陆港区中欧班列集结中心聚集，对落地企业大宗货物进出口运输、合作海港货物运输给予一定比例的铁路运费下浮政策，在经济上巩固陆港区班列集结中心的地位。争取协调海关总署、中国铁路总公司出台政策全面推行集拼集运模式，或争取以乌鲁木齐为试点开展集并集运模式，待时机成熟后再向全国推广；争取中国国家铁路集团引导内地中欧班列发运城市与乌鲁木齐合作开展集拼集运业务，充分利用去回程班列资源，在中欧班列集结中心集疏，降低客户成本，推动中欧班列高质量发展；争取联合乌鲁木齐铁路局，开展集并集运运输生产试点，为接通国内其他各大枢纽进行集并集运总结经验、做好准备。

2. 大力完善陆港区功能平台建设

从目前情况看，与内地相比，乌鲁木齐国际陆港区功能平台还不完善，需要争取从国家层面获得更多政策支持。

（1）争取重大项目和资金支持政策。乌鲁木齐国际陆港区是"国家丝绸之路经济带"核心区建设的标志性工程，由于经济地理位置特殊，一方面肩负承东启西、连接南北、扩大开放的枢纽功能，另一方面面临众多亟待解决的重大问题。因此，需进一步争取将乌鲁木齐国际陆港区项目纳入"国家重大项目库"支持，积极争取西部大开发项目前期经费、新疆专项资金、中央预算内资金、国家服务业引导资金、发行企业债券、边境地区转移支付资金支持政策，从政策上奠定乌鲁木齐陆港区在"丝绸之路经济带"建设规划上的经济地位。

（2）支持建设全国中欧班列集结中心。一是争取国家发展和改革委员会确立乌鲁木齐陆港区集并中心的地位，同时争取实现中欧班列的降本增效，促进中欧班列可持续发展；二是加强陆港区自身建设，完善港口基础设施、体制机制；三是加强与新疆周边陆港区、中部陆港区、东部沿海港口的合作交流，以建设陆港区中欧班列集结中心为目标，协调进出口货物的各项工作。

（3）积极完善开放型功能平台体系建设。主要包含铁路口岸正式开放、保税物流中心（B型）、进境粮食指定监管场地、进境汽车整车指定口岸、进境木材指定口岸、跨境电子商务综合试验区、国内国际港口代码、国际货运班列运邮城市等建设工作。

一是推动乌鲁木齐铁路临时口岸正式开放。争取国家层面支持将乌鲁木齐铁路西站口岸提级，将临时开放升级为正式开放，进一步推进乌鲁木齐铁路口岸监管功能提升，完善陆港区内口岸就地报关、订舱、装拆箱、结汇、签发提单、出口清关等功能。

二是申请乌鲁木齐铁路口岸设立进境粮食指定监管场地和木材进境指定口岸。完善陆港区基础设施，向海关总署申请进境粮食指定监管场地资格，提高进口粮食、木材通关效率，进而充分发挥新疆周边国家资源优势和自身区位优势，促进粮食、木材进口、监管、存储、运输、副产品加工等相关配套产业集聚。

三是申请在乌鲁木齐铁路口岸设立汽车整车进口口岸。多年来，我国汽车进口主要通过海运方式进行运输，费用较高、耗时较长、风险较大。此外，进口汽车由东部向中西部运输也将耗费大量的运输成本。若能够在乌鲁木齐铁路口岸设立汽车整车进口口岸，一方面将能够节约可观的运输成本，另一方面也能够带动汽车进口业务，解决中欧班列返程货源不足的问题，提高运输效率，降低运输风险，拓展与进口汽车相关的港口业务。

四是在乌鲁木齐多式联运中心申建保税物流中心（B型）。保税物流中心（B型）是由中国境内一家企业法人经营，多家企业进入并从事保税仓储物流业务的海关集中监管场所。建立B型保税物流中心，首先，可提高进出口商品便利化程度，实现进口货物保税和缩短出口货物退税时间，有利于促进集货和集聚产业，有利于建立一个稳定且长效地吸引国内外物流企业进入园区发展的机制；其次，能够就近解决陆港区从事出口加工的生产制造企业和进出口的贸易型企业的出口退税、保税等问题，降低物流成本，有利于吸引外资和促进企业投资，丰富园区的物流业态和形式，促进乌鲁木齐国际陆港区物流业的国际化和现代化。

五是申建中欧国际铁路货运班列运邮试点城市。设立铁路国际快件中心，促进国际邮件业务常态化发展。以企业为主体积极申报国际陆港区国内、国际港口代码。进一步完善国际陆港区港口功能，成为国际货物的始发港和到达港，提高物流组织能力，提升国际陆港区的国际影响力。

（4）积极申建自由贸易试验区。目前，我国已经分多批次批准了18个自贸试验区，已经初步形成了"1+3+7+1+6"的基本格局，形成了东西南北中协调、陆海统筹的开放态势，推动形成了我国新一轮全面开放格局。各地发挥地域优势、特色优势，带动了邻近城市区域的对外开放进程和经济发展。乌鲁木齐地处"丝绸之路经济带"核心区，具有十分有利的地理位置，申建中国（新疆）自由贸易试验区有利于为边疆和民族地区、发展落后地区改革开放发展总结新经验和提供示范，形成辐射和拉动效应，促进区域经济发展，逐步解决地区发展不平衡和贫富差距问题。充分发挥乌鲁木齐作为新疆首府和推进新疆自由贸易试验区建设的核心城市的示范引领作用，进一步强化乌鲁木齐国际陆港区在乌鲁木齐乃至新疆推进"丝绸之路经济带"核心区建设中的集聚辐射效应。

（5）申建大宗商品交易中心。发挥新疆与哈萨克斯坦、塔吉克斯坦等周边国家的经贸合作优势，探索申建中亚国际大宗商品交易中心，逐步建设面向"丝绸之路经济带"沿线国家的大宗商品跨境电子交易平台。支持符合条件的要素平台在试验区内拓展跨境业务，提高金融要素市场对外交易辐射能力。

（6）出台"离疆免税"政策。比照海南岛制定"离疆免税"政策，制定"离疆免税"商品清单，允许乘坐飞机、火车离疆的旅客每人每年累计享有3万元人民币的免税购物限额。

3. 优化政策，大力促进产业快速集聚

（1）财税方面。一是针对经济开发区（头屯河区）将企业所得税分成比例调整为中央、地方各 50% 或中央 40%、地方 60%。二是经济开发区（头屯河区）同喀什、霍尔果斯作为国家级经济技术开发区，建议国家层面参照霍尔果斯、喀什的企业所得税"五免五减半"政策，在一定程度上给予经济开发区（头屯河区）企业所得税支持。

（2）金融机构方面。一是在《西部地区鼓励类产业目录》（中华人民共和国国家发展和改革委员会令第 15 号）新疆地区中增加金融、类金融产业。按照《国家税务总局关于深入实施西部大开发战略有关企业所得税问题的公告》（国家税务局公告〔2012〕12 号）精神，截至 2020 年 12 月 31 日，对设在西部地区以《西部地区鼓励类产业目录》中规定的产业项目为主营业务，且当年度主营业务收入占企业收入总额 70% 以上的企业，可按 15% 的税率征收企业所得税。根据《西部地区鼓励类产业目录》相关约定，新疆地区产业目录中无金融、类金融产业，为使"丝绸之路经济带"核心区招商企业能够招得来、留得住、长久持续发展，建议在《西部地区鼓励类产业目录》新疆地区中增加金融、类金融产业，并按 15% 的税率征收企业所得税。二是加大对从事股权投资、债权投资、证券投资的企业及上市公司自然人股东股权投资人的支持力度。建议新疆在一定范围内建立支持政策，同时针对从事股权投资、债权投资、证券投资的公司制企业，按 20% 税率或按 15% 税率征收企业所得税。

（3）"丝绸之路经济带"核心区金融中心方面。建议针对绿谷金融港项目，在申请国家现有政策的同时，争取更多国家层面的政策支持。一是金融监管部门行政级别设置较其他省级高半级，有利于提高金融监管部门地位，扩大金融监管部门监管范围；二是银行、保险、证券分行行政级别设置较其他省级高半级，力争上升为国内第二总部；三是积极争取各类金融牌照在新疆发放，进一步丰富和补充金融业态。

二、精编预算，加大财政支持力度

内陆港区建设是一项庞大的系统工程，初期需要大量的资金投入，需政府予以财政扶持，但政府财力有限，负担过大，不利于陆港区的跨越式发展，因此需要政府通过合适的方式引进民营资本，解决建设和运营资金问题。目前，乌鲁木齐陆港区以乌鲁木齐站和乌鲁木齐西站为依托，开行了定点、定线、定车次、定时、定价的"五定"班列，为促进班列的顺利运营，政府应在初期对物流企业和铁路集装箱中心站给予资金补贴，并通过减免税务、政策支持，鼓励企业开行"五定"班列；对于经内陆港区进出的货源运输车辆，应减免路桥通行费或给予相应补贴，降低物流成本，提升内陆港的腹地运输优势与地位。除当地政府的财政扶持之外，乌鲁木齐陆港区也应积极向国家交通局、国家发改委、海关总署、国家检验检疫局等有关部门申请，研究制定支持乌鲁木齐国际陆港区发展的财税优惠政策，完善金融保障政策，设立专项资金以补贴形式用于内陆港区的发展建设。

1. 集货方面

（1）优化班列补贴政策。优化现有财政厅印发的《新疆丝绸之路西行国际货运班列财政补贴资金管理暂行办法》的班列补贴政策，明确按照"门到门"全程运费测算班列运费补贴，将中欧班列集疏运货物各环节的费用纳入运费补贴政策范围内。

（2）纺织服装出口支持政策。进一步调整优化纺织服装产业货运补贴政策，完善《新疆维吾尔自治区纺织服装产业专项资金管理办法》（新财建〔2018〕435号），对新疆各地生产纺织服装产品运至国际陆港区出口的视同出疆，以支持新疆货物在乌鲁木齐集结发运。

（3）增加班列资金支持力度。积极协调工信厅明确2020年涉及班列发运的补贴政策，建议增加新疆班列补贴专项资金额度，由现有的5000万元/年增加至 1 亿元/年，有力地提升新疆中欧班列的竞争力。

（4）进一步完善优化南疆班列的支持政策，将南疆班列支持政策扩大至全新疆的班列发运。

（5）援疆支持政策。积极对接新疆发展改革委援疆办，发挥对口援疆工作机制作用，制定援疆省市支持乌鲁木齐班列货物集结的支持政策，推进更多援疆省市通过中欧班列西线通道运输的铁路货物在乌鲁木齐集结、编组后发运，进一步提高物流组织效率，发挥集结中心效能；争取援疆省份发往新疆的集结班列（或集装箱）的运费下浮政策以及援疆省份对发往新疆的集结班列的国内段运费补贴。

2. 建园方面

（1）加大项目资金支持。进一步加大新疆维吾尔自治区发展改革委、商务厅、交通运输厅、工业和信息化厅、新疆维吾尔自治区口岸管理办公室等单位对陆港区项目建设的资金支持力度，对纳入相应职能部门重点支持的项目，给予资金支持。在自治区层面，加大陆港区基础设施建设项目支持，设立国际陆港区基础设施建设基金池，在贷款贴息、重点项目扶持等方面予以倾斜。

（2）争取用地政策支持。按照《中共中央 国务院关于新时代推进西部大开发形成新格局的指导意见》要求，结合《国务院关于推进国家级经济技术开发区创新提升打造改革开放新高地的意见》（国发〔2019〕11 号）文件精神，创新使用产业用地，探索工业用地弹性出让、土地混合、长期租赁、先租后让、租让结合使用等多种土地使用模式，提高产业用地土地利用效率，满足产业项目用地需求。

（3）建立乌鲁木齐"一带一路"综合试验区。实现新疆范围内的制度创新高地和政策支持，形成辐射、拉动效应，同时也为申建自贸区打好基础。

3. 集聚产业方面

（1）支持国际陆港区范围内（67 平方千米内）上缴自治区的土地、税收等财税部分留存经济开发区，用于国际陆港区班列补贴和招商引资。

（2）加强产业引导扶持，设立产业发展基金，扶持物流（配套）产业发展，精简陆港区办事流程，加强已有产业扶持政策在陆港区的落地实施。

（3）准许制定产业发展配套支持政策以及新入驻企业配套优惠政策。建议参照中央、自治区相关外贸发展政策，为加快陆港区承接东部产业转移，准许陆港区制定产业发展配套支持政策。同时，参照内地重庆、西安、郑州等城市发展的成熟经验，由经济开发区制定优惠政策（用地、用工、用电等），支持企业入驻陆港区及关联区，所需资金自行解决。

第四节　实施人才引进战略，打造陆港区人才培养体系

一、多管齐下，引进各类优秀人才

内陆港区的人才培养对乌鲁木齐陆港区的可持续发展具有重大意义，当前乌鲁木齐陆港区发展态势良好，各项工作对高层次人才的需求量都非常大，国际陆港区职工的专业素质会在一定程度上影响其发展速度和运行效率。因此，应充分利用乌鲁木齐潜在的人才优势，开发校企、政企合作项目，培养在国际陆港区建设、管理、运营方面的专业性人才；同时，可通过各高校进行人才引进，定期进行招聘与培训计划。此外，除可从外部引进人才以外，乌鲁木齐陆港区可以从内部挖掘有潜力的人才，通过与高校的合作项目，将陆港区职员统一组织，进行交流与培训。例如，通过委托培养、委托培训、在职攻读学位等多种形式提高陆港区自有人才层次。随着乌鲁木齐陆港区自身实力的不断增

强，新型的物流专业人才将发挥重要作用，配合具备内陆港区现代化管理知识的精英，将成为乌鲁木齐国际陆港区未来发展的重要支撑。

二、超前谋划，打造枢纽物流人才体系

目前，乌鲁木齐物流专业人才十分匮乏，人才引进力度不够。

一是缺乏物流方向的高层次人才，例如在政府机构从事政策制定、城市交通规划等工作的专业管理人员，也包括在高校中从事教学、科研、人才培训等方面的物流人才。

二是缺乏企业物流管理人才。这是物流人才中需求最大的一部分，因为企业的包含面很广，尤其是制造业对物流人才有大量的需求。他们主要的工作是与物流公司进行协调、管理和控制。目前，具有物流相关专业理论知识的中下层管理人员非常紧缺，管理层大多为非物流专业出身，并没有受到过系统、专业的物流知识培训和学习，因此企业需要对现代物流业有一定认知，熟悉物流行业的各个流程并且能够将物流理论运用到实际运营与管理中的人才。

三是物流企业缺乏精通经营管理、物流专业知识、规划运营方面的高级管理人才。从总体上看，物流业对人才的需求主要体现在管理方面，物流企业的管理人才是物流企业仓储、运输、协调、调度、管理等工作的实际操作者，要求从业人员具有广阔的知识面、较强的战略判断和把握能力，能够敏锐地发现中间市场的变化，还要有较强的动手操作能力。虽然物流公司的扩张能力目前还比较弱，对人才的需求还不是很大，但伴随着乌鲁木齐国际陆港区的建设，这些专业出身的物流人才在今后的发展中将会有巨大潜力。

三、政策先行，实施乌鲁木齐国际陆港区全球引才计划

以特惠政策促进人才引进，用特色模式加速人才培养，用特殊政策强化人才奖励，以特效机制选拔任用人才，用特定标准规范人才评价，加大人才体制

机制创新力度，建设"人才特区"。"十四五"时期，针对重点产业，建立人力资源保障持续供给体系，每年面向全球引进优秀创新创业团队、高层次创新创业人才，在现有基础上建立企业博士后创新创业实践基地，实施"现代服务业人才引进计划"。即引进国际型、专业型、复合型人才；加快引进现代商贸、现代物流、电子商务等核心生产性服务业的高层次人才，大力支持枢纽经济建设；针对性地引进金融、信息、服务外包等新兴服务业的高层次人才，为主导产业做好配套辅助工作。

第五节　促进与海港及其他陆港区互动

乌鲁木齐国际陆港区地理位置优越，是沿海港口在内陆地区中心城市的支线港口和现代物流的操作平台。作为国家"丝绸之路经济带"核心区建设的标志性工程，乌鲁木齐国际陆港区为内陆地区经济发展提供方便快捷的国际港口服务，通过连接我国中东部、新亚欧大陆桥及中亚地区，实现内陆地区与沿海地区无缝对接。因此，乌鲁木齐国际陆港区应加强与各出海港口的合作，依托新亚欧大陆桥，充分利用地处"丝绸之路经济带"核心区的优势，发挥桥梁枢纽作用，实现属地申报、口岸验放的"大通关"模式，以乌鲁木齐国际陆港区为核心，与天津港、青岛港、日照港、上海港、连云港港建立互联互通的友好合作关系；同时，加强与石家庄、郑州、昆明、西安等陆港区间的协作关系，通过区域间的协调发展和陆港区间的业务合作实现陆港区与海港的无缝对接。乌鲁木齐国际陆港区是新疆维吾尔自治区发展对外贸易的切入点，是沿海港口辐射内陆腹地的重要节点。通过促进乌鲁木齐国际陆港区与其他沿海港口群及陆港区间的互动发展，对其他陆港区起到带动和支撑作用，充分发挥其西部地区物流中转枢纽的集散作用，实现物流、人流、资金流、信息流的双向流通与交换，促进沿海、内陆地区共同发展并互相补充。

第六节 打造乌鲁木齐门户枢纽经济体系

乌鲁木齐是"丝绸之路经济带"建设的核心区，是引领"一带一路"建设走向沿线国家的关键节点，以发展枢纽经济、门户经济为抓手，是乌鲁木齐建设亚欧合作交流国际化大都市的主要方向。在市场经济条件下，一般中心城市都要发展枢纽经济，乌鲁木齐作为中国最西部的省会城市，作为引领"丝绸之路经济带"、亚欧合作交流以及对外开放的国际化大都市，必须坚持发展开放型经济或门户经济。门户经济作为发展国际化大都市的标志，枢纽经济必须先行，朝着积极推动门户经济的方向发展。乌鲁木齐的枢纽经济应作为门户经济的枢纽，必须能够推动门户经济的健康发展；乌鲁木齐的门户经济也应当适应枢纽经济的发展趋势，必须能够支撑枢纽经济的运行轨道。为引领"丝绸之路经济带"建设总方向，需要对乌鲁木齐的门户经济进行全面转型升级，将其打造成面向亚欧的全面合作交流经济门户。

（1）打造交通物流门户。要发展门户经济，便利的对外交通物流是前提。乌鲁木齐地处新亚欧大陆桥，是"桥头堡"，以及中欧班列和"丝绸之路经济带"的主通道。乌鲁木齐国际陆港区应该以依托新疆、辐射全国、布局欧亚的战略定位，将自身打造成为我国西北地区唯一的通东西、贯南北的陆运、空运大通道。

（2）打造先进制造业门户。要发展门户经济，先进制造业是产业集聚发展的基础。乌鲁木齐需要面向中西亚、面向"丝绸之路经济带"、面向亚欧大陆调整产业结构和产品结构，并为产品不断开拓市场，通过亚欧合作交流，加快产业升级和高质量发展。应积极推动乌鲁木齐的先进制造业融入"一带一路"建设，使乌鲁木齐成为亚欧合作交流的先进制造业门户。一则相较于我国中东部地区，乌鲁木齐的产业发展相对滞后，应加强交流合作，将中东部部分产业引过来、建起来、走出去，重点发展先进装备制造业、化工、新材料、金属制品、纺织服装、新能源、轻工、信息产业，构建完善的产业链和产业基础，同时积极培育壮大特色优势产业。二则相较于"丝绸之路经济带"的中西亚国家，我国的产业梯度较高，应积极与中西亚国家对接合作，形成产业互补共存的格局，构建以乌鲁木齐产业发展为中心的上下游产业链、价值链，建设繁荣的"丝绸之路经济带"。三则欧洲国家尤其是欧盟是发达经济体，产业梯度更高，乌鲁木齐可以通过开放交流，引进高新技术、低碳技术等新兴产业技术，加快推动乌鲁木齐乃至新疆的产业转型升级，为"走出去"打好技术基础。

（3）打造商贸合作门户。要发展门户经济，对外经贸合作是桥梁。一方面，要着力改善投资环境，加大开放力度。作为乌鲁木齐经济与世界经济联通的桥梁，对外经济推动了乌鲁木齐的经济发展。应积极开展与中亚、东欧间的经济贸易，扩大对外贸易规模和质量，加快乌鲁木齐的国际化进程。另一方面，积极申建自由贸易试验区、亚欧经贸合作试验区，打造自由便利的贸易条件、宽松的营商环境、优惠的税收体制，扩大乌鲁木齐与"丝绸之路经济带"沿线国家的经济贸易体量，带动"丝绸之路经济带"建设，进一步发展成为亚欧合作交流的经贸中心城市。

（4）打造金融服务门户。要发展门户经济，对外金融服务是支撑。乌鲁木齐要成为亚欧合作交流的交通物流门户，成为新亚欧大陆桥最大的中转口岸和货物集散中心，为国内货物"走出去"、国外货物进入国内市场服务，就必须具备便利化的对外金融服务。基础设施建设投资、大宗商品交易、高精尖产业发展、创新创业项目融资等均需要金融支持，要争取上海合作组织开发银行、外国金融分支机构等落户乌鲁木齐，争取亚洲基础设施投资银行、丝路基金等在乌鲁木齐设立分支机构，争取建设跨境贸易与投资人民币结算中心、外汇交易中心、股权交易中心和大宗特色资源产品期货市场。将乌鲁木齐市建设成为区域性国际金融中心城市，带动兵团、喀什、霍尔果斯协调发展，辐射全新疆、贯通"丝绸之路经济带"，服务于"丝绸之路经济带"沿线国家，成为面向欧亚的国际区域中心。

（5）打造文化旅游门户。要发展门户经济，文化旅游是国际友好的旗帜。乌鲁木齐作为"丝绸之路经济带"上的明珠，拥有得天独厚的旅游资源。一方面要加快整合文化资源和旅游资源，打造文化旅游的深度融合共生业态，推动"文化＋旅游"发展，提升旅游产品核心竞争力、生命力。另一方面要培育骨干文化旅游产业和企业，大力引进旅游人才，打造一批基础条件较好的文化旅游观光基地和文创产品，文旅产品要"拿得出、叫得响、看得来"。

（6）打造科技教育门户。要发展门户经济，科技教育是国际合作的重要形式。应积极依托高校和研究机构开展科技教育交流活动，通过互派国际交换生、留学生，跨境技工培养，加强来华留学示范基地、援外培训基地建设，支持"丝绸之路经济带"沿线国家高校合作办学试点项目，通过举办国际科学技术交流活动等形式开放乌鲁木齐科技教育的大门，既要"引进来"，也要"走出去"；既要有单纯的科技交流，也要有以产业为基础的能够推动产业发展并产生生产效益的科技交流。乌鲁木齐要抓住"一带一路"的历史机遇，通过科技合作提升乌鲁木齐在"丝绸之路经济带"沿线国家中的科技地位，努力发展成为我国面向中西亚开放的科技教育中心，为西部大开发和亚欧合作交流提供科技教育服务。

（7）打造医疗康养服务门户。要发展门户经济，医疗康养服务是民间交流的"名片"。新疆地区医药资源丰富，是我国重要的医药原料产地，应侧重于相互支持的产业发展思路，寻求国内外合作发展，努力打造乌鲁木齐跨境医疗、康养产业。①紧抓历史机遇，加快医疗服务转型。以"一带一路"区域医疗服务中心建设为契机，开展医疗服务中心专项规划编制工作，积极整合区域资源优势，加快壮大医疗服务机构。积极筹建康复保健治疗中心，加快"丝绸之路经济带"核心区医疗服务中心建设，将乌鲁木齐建成"丝绸之路经济带"核心区医疗服务中心。②积极对标国际，构建医疗信息平台。完善乌鲁木齐医疗旅游推介平台建设，主要面向周边国家和新疆内外地区的患者及游客，方便有需求的患者，提供患者组团及入境后的接待服务，协调各医疗机构开辟绿色就诊通道，提供专业翻译陪同就诊、康复送回国等一系列服务，基本实现线上线下无缝衔接全程服务。③引进外力，推动发展跨境医疗。在区域医疗服务中心建设中，跨境远程医疗是打开国际医疗市场大门的钥匙。应积极推动新疆与周边国家构建医疗康养的网络体系，完善跨境远程医疗服务信息平台，与周边国家医疗市场形成跨境远程医疗服务网络格局，推动远程医疗在医疗核心区建设中发挥出应有的作用。

参考文献

［1］Alena Khaslavskaya, Violeta Roso. Dry Ports：Research Outcomes, Trends, and Future Implications ［J］. Maritime Economics & Logistics, 2020 （22）：265 – 292.

［2］Jagan Jeevan, Violeta Roso. Exploring Seaport – Dry Ports Dyadicintegration to Meet the Increase in Container Vessels Size ［J］. Journal of Shipping and Trade, 2019 （4）：8.

［3］Monios J, Wilmsmeier G. Giving a Direction to Port Regionalisation ［J］. Transportation Research Part A, 2012, 46 （10）：1551 – 1561.

［4］Monios J. The Role of Inland Terminal Development in the Hinterland Access Strategies of Spanish Ports ［J］. Research in Transportation Economics, 2011, 33 （1）：59 – 66.

［5］Munford C. Buenos Aires – Congestion and the Dry Port Solution ［J］. Cargo Systems International：The Journal of ICHCA, 1980 （7）：26 – 27, 29, 31.

［6］Notteboom T E, Rodrigue J P. Port Regionalization：Towards a New Phase in Port Development ［J］. Maritime Policy & Management, 2005, 32 （3）：297 – 313.

[7] Patrick Wittea, Bart Wiegmansb, Violeta Rosoc, Peter V. Hall. Moving beyond Land and Water: Understanding the Development and Spatial Organization of Inland Ports [J]. Journal of Transport Geography, 2020 (84): 102676.

[8] Rodrigue J, Debrie J, Fremont A, Gouvernal E. Functions and Actors of Inland Ports: European and North American Dynamics [J]. Journal of Transport Geography, 2010, 18 (4): 519 – 529.

[9] Roso V, Lumsden K. A Review of Dry Ports [J]. Maritime Economics & Logistics, 2010, 12 (2): 196 – 213.

[10] Roso V, Woxenius J, Lumsden K. The Dry Port Concept: Connecting Container Seaports with the Hinterland [J]. Journal of Transport Geography, 2009, 17 (5): 338 – 345.

[11] Slack B. Satellite Terminals: A Local Solution to Hub Congestion? [J]. Journal of Transport Geography, 1999, 7 (4): 241 – 246.

[12] Tsamboulas D A, Dimitropoulos I. Appraisal of Investments in European Nodal Centres for Goods – Freight Villages: A Comparative Analysis [J]. Transportation, 1999, 26 (4): 381 – 398.

[13] Wilmsmeier G, Monios J, Lambert B. The Directional Development of Intermodal Freight Corridors in Relation to Inland Terminals [J]. Journal of Transport Geography, 2011, 19 (6): 1379 – 1386.

[14] Witte P, Wiegmans B, Ng A K Y. A Critical Review on the Evolution and Development of Inland Port Research [J]. Journal of Transport Geography, 2019 (74): 53 – 61.

[15] 蔡玉凤, 陈宁. 无水港与沿海港口联动发展研究 [J]. 中国港口, 2009 (10): 26 – 27.

[16] 曹庆连. 国际中转型枢纽陆港区发展思路与策略研究 [D]. 长安

大学硕士学位论文，2013.

[17] 车文. 昆明国际陆港区物流绩效评价及动力学仿真研究 ［D］. 昆明理工大学硕士学位论文，2014.

[18] 程世玮，赵楠. 我国无水港建设发展现状分析 ［J］. 港口经济，2012（6）：16－18.

[19] 丁莉. 浅析我国开展国际多式联运的现状及对策 ［J］. 中国城市经济，2010（7）：240.

[20] 董建峰，高纲彪. "一带一路" 背景下的我国陆港区规划策略及案例 ［J］. 规划师，2016（6）：129－136.

[21] 董千里. 提升国际陆港区物流集成力的战略思考 ［J］. 大陆桥视野，2011（9）：35－38.

[22] 杜馨仪，王超敏. 中国发展国际多式联运的思考 ［J］. 经营管理者，2014（24）：99.

[23] 冯社苗. 陆港区枢纽布局研究 ［D］. 长安大学博士学位论文，2011.

[24] 光一. 合建 "无水港"：沿海港口争取腹地货源重要手段 ［J］. 中国水运，2007（12）：62－63.

[25] 贺博雅. 集成场视角下西安国际陆港区竞争力评价及提升对策研究 ［D］. 长安大学硕士学位论文，2018.

[26] 胡亚君. 国内外陆港区发展比较研究 ［D］. 贵州财经大学硕士学位论文，2017.

[27] 黄志勇，李京文. 充分发挥无水港在区域联动开放中的重要作用 ［J］. 国际商务（对外经济贸易大学学报），2013（1）：12－18，27.

[28] 黄志勇，李京文. 中国保税港区发展战略研究 ［J］. 国际贸易问题，2012（6）：32－39.

［29］井小洁．邯郸国际陆港区物流园区发展对策研究［D］．河北工程大学硕士学位论文，2018．

［30］李坤颖．昆明国际陆港区战略规划研究［D］．昆明理工大学硕士学位论文，2011．

［31］李云华，董千里．中国陆港区空间布局演化研究［J］．技术经济与管理研究，2015（7）：119－123．

［32］李钊．建设西安国际陆港区　助推区域开发开放［J］．大陆桥视野，2011（1）：49－53．

［33］梁红波．无水港虚拟一体化联动发展模式研究［J］．港口经济，2014（4）：5－8．

［34］梁千．石家庄内陆港区功能定位及发展对策研究［J］．经济视角，2013（11）：8－9．

［35］刘冉昕．我国陆港区发展问题研究［J］．综合运输，2017，39（3）：68－71．

［36］刘艳琴，刘玉明．"无水港"建设与通关申报系统的开发［J］．水运科学研究，2009，3（1）：1－4．

［37］卢静雯．西安国际陆港区与西安市经济互动发展研究［D］．大连海事大学硕士学位论文，2019．

［38］吕顺坚，董延丹．我国无水港的发展［J］．水运管理，2007（8）：20－22．

［39］庞英．石家庄内陆港区：实现内陆与港口互动联运［N］．现代物流报，2006－05－26（2）．

［40］沙莎．中国陆港区的成长阶段及其空间格局变化研究［D］．华东师范大学硕士学位论文，2012．

［41］盛永财，孜比布拉·司马义，卢有斌，李颖，阿不都外力·阿不力

克木 . 国际陆港区城市经济系统脆弱性研究——以乌鲁木齐市为例 ［J］. 黑龙江大学自然科学学报，2018（3）：277 - 284.

［42］拓玲 . 实施现代服务业百人引进计划 ［N］. 西安日报，2015 - 12 - 25（4）.

［43］王立娟，张琦 . 依托铁路物流中心发展内陆无水港 ［J］. 水运管理，2009，31（11）：23 - 25.

［44］魏晓雪 . 西安国际陆港区发展水平评价及对策研究 ［D］. 西安建筑科技大学硕士学位论文，2016.

［45］温国正，牛明明 . 建立吕梁国际陆港区推动转型跨越发展 ［J］. 现代工业经济和信息化，2011（13）：34 - 35.

［46］吴阳 . 为平台经济发展打造更高质量"平台" ［N］. 乌鲁木齐晚报，2020 - 07 - 03（A02）.

［47］席平，严国荣，曹鸿 . 建立中国西部国际港口——"西安陆港区"的设想 ［J］. 唐都学刊，2001，17（4）：12 - 14.

［48］席平 . "中国第一无水港"——西安国际港务区 ［J］. 中国储运，2006（3）：77 - 78.

［49］席平 . 国际陆港区基础概念与运作 ［J］. 中国储运，2007（1）：71 - 73.

［50］席平 . 内陆地区建设国际陆港区的思考 ［J］. 综合运输，2007（2）：39 - 41.

［51］徐伟，陆梦 . 无水港在港口发展中的作用 ［J］. 水运管理，2006，28（9）：8 - 9.

［52］杨兵杰 . 聚焦六大"硬核"实力　加快建设世界一流强港 ［J］. 宁波通讯，2020（13）：25 - 27.

［53］杨静蕾，李蓉 . 国际无水港建设经验及其启示 ［J］. 中国海洋大学

学报（社会科学版），2010（3）：40-43.

[54] 袁瑜．国外内陆无水港经典案例分析及经验借鉴［J］．交通世界（运输·车辆），2013（7）：105-107.

[55] 袁媛．国际陆港区演化及协同机理研究［D］．昆明理工大学硕士学位论文，2017.

[56] 张登健，唐秋生．内陆无水港发展模式与对策研究［J］．物流工程与管理，2013，35（10）：41-43.

[57] 张琦，杨浩．铁路集装箱内陆港区综合物流化运营的合作竞争战略研究［J］．物流技术，2006（9）：12-14.

[58] 张戎，黄科．依托铁路集装箱物流中心建设内陆港区的探讨［J］．铁道运输与经济，2008（3）：69-71.

[59] 张伟．"青岛港-郑州内陆港区海铁联运通关一体化"和"青岛-郑州-中亚"直通班列启动［J］．大陆桥视野，2015（6）：19.

[60] 张兆民．我国无水港形成及发展动力机理分析［J］．综合运输，2010（1）：48-51.

[61] 郑艳玲．中西部地区主要陆港区协同发展分析［J］．合作经济与科技，2019（22）：7-9.

[62] 朱长征，董千里．国际陆港区功能定位与业务模式研究［J］．物流技术，2010，29（Z1）：23-24.

[63] 朱长征，董千里．国际陆港区基础理论研究与探讨［J］．物流技术，2009，28（1）：17-19.

[64] 朱长征，董千里．国际陆港区形成机理研究［J］．企业经济，2010（7）：131-133.

[65] 朱长征．国际陆港区作用机理与布局规划理论研究［D］．长安大学博士学位论文，2010.

后　记

　　国际陆港作为内陆地区具有港口功能的枢纽型物流节点，已成为我国内陆地区扩大对外交往，积极响应和参与"丝绸之路经济带"倡议以及保障我国顺利形成"双循环"新发展格局的重要平台，有助于提升内陆地区物流供给水平，打通生产、分配、流通、消费诸环节，实现需求牵引供给、供给创造需求的更高水平动态平衡，对于促进我国区域平衡发展、推动国际贸易迈向更高标准具有重要的现实意义。

　　笔者对全书进行了编撰，我的硕士研究生马志达、李慧昭对全书进行了编辑和整理，并补充了参考文献，李金泽和牛靖对初稿进行了校对。曲阜师范大学王民教授、邹宗森教授、杜念宇博士、赵小云博士、郑文光博士以及浙江理工大学鞠晓颖博士参与了本书的调研与撰写，感谢他们的辛勤付出。

　　在撰写本书过程中，笔者对书中的引述进行了注释和说明，但是由于时间所限，书中难免有错误和不当之处，恳请广大读者不吝赐教。对于书中引用的成果由于笔者疏忽未加注释的地方，本人在此表示深深的歉意。

姚　鹏

2021 年 12 月 27 日于曲园